ZU DIESEM BUCH

Der Barfußdoktor, Buddhist, taoistischer Schamane und Lebenskünstler, hat mit «Free Yourself!» einen ganzheitlichen Ratgeber zur Entrümpelung von Körper, Geist und Seele geschrieben. Ob Versagensangst, Selbstmitleid, zu geringe Selbstachtung, Unzufriedenheit mit dem Partner, zu viel Stress oder Schüchternheit – in 54 kurzen Kapiteln bietet der Barfußdoktor Lebenshilfe für belastende Situationen an. Humorvoll, pragmatisch, mit einer gelungenen Mischung aus Taoismus, Akupressur, Reflexzonenmassage, positivem Denken und einem gutem Schuss Lebensweisheit ist dieses Buch das Handbuch für den mit Sorgen geplagten modernen Menschen.

DER AUTOR

Stephen Russell lebt und arbeitet als Barfußdoktor in London. Er betreut die Gesundheitsredaktion eines Londoner Lifestylemagazins und schreibt eine wöchentliche Kolumne im englischen *Observer*.
Außerdem von ihm bei Rowohlt erschienen: Das «Handbuch für den gewitzten Stadtkrieger», rororo 60812.

DER
BARFUSSDOKTOR

FREE YOURSELF!

LEBEN OHNE ÄNGSTE, STRESS
UND ANDERE FESSELN
DES ALLTAGS

Rowohlt Taschenbuch Verlag

Die Originalausgabe erschien 2002
unter dem Titel «Liberation»
bei Element, an Imprint of
HarperCollins Publishers, London.

Deutsche Erstausgabe
Veröffentlicht im Rowohlt Taschenbuch Verlag,
Reinbek bei Hamburg, Juni 2004
Copyright für die deutsche Erstausgabe
© 2004 by Rowohlt Verlag GmbH,
Reinbek bei Hamburg
«Liberation» Copyright © 2002 by Barefoot Doctor, Stephen Russell
Umschlaggestaltung ZERO Werbeagentur, München
(Foto: Alexandra Dohse, München)
Satz KCS GmbH, Buchholz/Hamburg
Druck und Bindung Clausen & Bosse, Leck
Printed in Germany
ISBN 3 499 61688 2

INHALT

EINLEITENDE KAPITEL

1 *Befreiung davon, dass dieses Buch kein Vorwort hat* 11
2 *Befreiung von der Unkenntnis, was von diesem Buch zu erwarten ist* 13

3 *Befreiung von der Unkenntnis, wie dieses Buch am besten zu benutzen ist* 15
4 *Befreiung davon, keine Ahnung zu haben, warum der Barfußdoktor dieses Buch geschrieben hat* 18

5 *Befreiung davon, dass dieses Buch keine Handlung hat* 20
6 *Befreiung von reiner Prosa* 25

7 *Befreiung von der Unwissenheit, wie die lebenswichtigen Organe die verschiedenen Geisteszustände bestimmen* 31
8 *Befreiung davon, nichts über Energie zu wissen* 40

DIE EIGENTLICHEN BEFREIUNGSKAPITEL

9 *Befreiung von Versagensangst* 45
10 *Befreiung von Selbstmitleid* 50

11 *Befreiung von Trägheit* 55
12 *Befreiung von Einsamkeit* 59

13 *Befreiung von Zweifel* 63
14 *Befreiung von Befangenheit bei gesellschaftlichen Anlässen* 66

15 *Befreiung von Unschlüssigkeit* 71
16 *Befreiung von Schuldgefühlen* 75

17 *Befreiung von Zynismus* 80
18 *Befreiung vom Schmerz durch Neid und Eifersucht* 84

19 *Befreiung von Erfolgsangst* 89
20 *Befreiung vom inneren Sklaventreiber* 94

21 *Befreiung von Groll* 99
22 *Befreiung von der Sorge um den sozialen Status* 102

23 *Befreiung von der Sorge um die eigene Attraktivität* 106
24 *Befreiung von dem Gefühl, immer in Eile zu sein* 112

25 *Befreiung vom System* 118
26 *Befreiung von der Sinnsuche* 121

27 *Befreiung aus einer verfahrenen Beziehung* 124
28 *Befreiung von Verlangen* 128

29 *Befreiung von Rechthaberei* 131
30 *Befreiung von Sucht* 135

31 *Befreiung vom Gefühl sexueller Unzulänglichkeit* 141
32 *Befreiung von selbstmörderischen Tendenzen* 147

33 *Befreiung von Geldsorgen* 151
34 *Befreiung vom ewigen Zuspätkommen* 156

35 *Befreiung von der Angst, nie den idealen Partner zu finden (oder überhaupt keinen Partner zu finden)* 161
36 *Befreiung davon, des Geldes wegen an einem öden Job kleben zu bleiben* 166

37 *Befreiung von Unterdrückung* 171
38 *Befreiung von Depressionen* 177

39 *Befreiung von Ärger und Wut auf andere* 181
40 *Befreiung von Ängstlichkeit* 186

41 *Befreiung von dem Gefühl, etwas zu verpassen* 191
42 *Befreiung von dem Gefühl, zu leicht beeinflussbar zu sein* 196

43 *Befreiung von der Vergangenheit (und der Zukunft)* 199
44 *Befreiung von Gram* 203

45 *Befreiung von Vergesslichkeit* 207
46 *Befreiung von der Angst vor Krankheit* 210

47 *Befreiung von Todesangst* 215
48 *Befreiung von Stress* 220

49 *Befreiung von Ungeduld* 225
50 *Befreiung von den Kindern* 229

51 *Befreiung von den Eltern* 236
52 *Befreiung von Zeit* 241

53 *Befreiung vom Leiden* 245
54 *Befreiung von diesem Buch, das kein Ende nehmen will und schließlich zu schwer zum Herumtragen sein wird* 249

EINLEITENDE KAPITEL

1 BEFREIUNG

DAVON, DASS DIESES BUCH
KEIN VORWORT HAT

Eine Befreiung, ob von Sklaverei, Armut, Hunger, Krieg oder Unterdrückung, hat immer etwas Romantisches, und große Befreier sind immer als Helden verehrt worden. Denn Befreiung führt zum meistgesuchten Schatz der Menschheit: zur Freiheit.

Aber Sie wissen ja, wenn Sie aufs Gaspedal treten und ins große Unbekannte starten, müssen Sie nur lange genug fahren, um schließlich wieder in einen Verkehrsstau oder eine Grenzkontrolle zu geraten. Da unser Planet inzwischen weitestgehend von Menschen kolonisiert ist, ist Freiheit nicht mehr einfach durch das Überschreiten von Grenzen zu finden. War sie im Grunde nie – das war immer eine Illusion.

Freiheit liegt nur im eigenen Innern. Durch Befreiung vom inneren Kampf mit dem Leben, in welcher Form auch immer, stellt sich Frieden ein. Sobald man sich davon befreit hat, diesem vor jenem den Vorzug zu geben, kann einen nichts Äußeres mehr gefangen halten – nicht einmal Gefängnismauern.

Wenn Sie den Schlüssel zur Befreiung von Angst, Gier, Frustration und anderen negativen Dingen finden, können Sie die Gefängnistür aufschließen. Dadurch werden Sie ein Selbstbefreier und Held. Ein Held, weil derjenige, der das Privileg hat, dann in Ihrem persönlichen Umfeld zu sein, sofort auch selber befreit wird.

Freiheit ist ansteckend – und letztlich unaufhaltsam. Sie ist einfach die Bewusstmachung jener Faktoren, durch die Sie von Augenblick zu Augenblick – und zu verschiedenen Zeiten unterschiedlich stark – in Fallen gelockt werden. Sie halten Sie davon ab, voll und ganz das unbegrenzte Leben zu leben, das Sie sich wirklich wünschen. Ein Leben, das Ihnen offen steht, wenn Sie nur bereit sind, Ihre Chance zu ergreifen.

BEFREIUNG

2

VON DER UNKENNTNIS, WAS VON DIESEM
BUCH ZU ERWARTEN IST

Also: Hier ist *Ihre* Chance (zumindest eine). Genau jetzt, oder höchstens ein bisschen Geplauder später, werden die besagten Störfaktoren untersucht und Befreiungsmittel angeboten, die dem (ebenso alten wie postmodernen und immer unberechenbaren) Taoismus entnommen und mit einer ordentlichen Prise Buddhismus, Schamanismus, Humanismus, Positivismus und gesundem Menschenverstand gewürzt sind. Das Spektrum der Mittel umfasst neben Akupressur und anderen (geheimnisvollen) physischen und energetischen Selbstheilungsmethoden und Bewegungsabfolgen sowie unverhohlener Magie auch Übungen zur Affirmation, Visualisierung, zur energetischen Arbeit und darüber hinaus hochintensive Konzentrationstechniken. All diese Methoden und Techniken sind im Laufe von fast drei Jahrzehnten von mir selbst und vielen der Tausende von mir in diesem Zeitraum behandelten oder unterrichteten Menschen sowie allerlei anderen «Irren» erprobt und getestet worden. Sie sind leicht zu lernen und anzuwenden, und zwar von jedem, der halbwegs Grips im Kopf hat (mit anderen Worten: Wenn ich sie erlernen konnte, können Sie es allemal).

Allerdings – und jetzt kommt der Haken – handelt es sich bei den beschriebenen Methoden, obwohl ich sie mit größter Sorgfalt im

Hinblick auf eine möglichst große, universelle Anwendbarkeit und unter steter Berücksichtigung Ihrer Sicherheit und Gesundheit ausgewählt habe, um Techniken, die bei unsachgemäßer oder gedankenloser Anwendung unerwünschte Pannen in Ihrem persönlichen Energiefeld hervorrufen und sich so störend auf Ihr allgemeines Wohlbefinden auswirken können.

Sollten Sie wegen körperlicher oder geistiger Beschwerden in ärztlicher oder therapeutischer Behandlung sein und irgendwelche Fragen haben, suchen Sie bitte Ihren Heilpraktiker, Hausarzt oder Psychiater auf, ehe Sie herum experimentieren. Weder der Barfußdoktor noch die an Produktion, Marketing, Vertrieb und Verkauf dieses Buches Beteiligten sind für Schadensfälle haftbar zu machen.

Andererseits: Wenn Sie nicht gerade auf Ihre angeborene Intelligenz und natürliche Weisheit pfeifen, müssten Sie schon sehr selbstzerstörerisch veranlagt sein, um beim Gebrauch dieses Buches Schaden zu nehmen. Tatsächlich hilft Ihnen das regelmäßige Üben eines oder aller nachstehenden Vorschläge dabei, sich von jedem Geisteszustand zu befreien, mit dem Sie sich nicht anfreunden können – oder wollen. Aber wie bei allem, was sein Geld wert ist, stellen sich echte Veränderungen selten sofort ein, sondern meist erst nach längerer Zeit. Erwarten Sie also keine Sofortkuren oder schnelle Erfolgserlebnisse (obwohl sie bisweilen eintreten, meist am nächsten Tag, wenn man darüber geschlafen hat). Machen Sie sich lieber darauf gefasst, dass Sie einen Befreiungsprozess in Gang setzen, der Ihnen zu einer neuen (viel besseren und insgesamt runderen, befriedigenderen und fruchtbareren) Beziehung zu sich selbst und zu Ihrer Umwelt verhilft; einen Prozess, den Sie willentlich beschleunigen oder verlangsamen können – je nachdem, wie tatkräftig Sie sich einbringen und die erhaltenen Informationen umsetzen.

BEFREIUNG

VON DER UNKENNTNIS, WIE DIESES BUCH AM BESTEN ZU BENUTZEN IST

Dieses Buch thematisiert einen ganzen Berg von Geisteszuständen bzw. Störfaktoren, von denen man sich befreien kann. Ich habe diejenigen aus der Myriade möglicher Bewusstseinszustände ausgewählt, die meiner Beobachtung nach am häufigsten bei der überwiegenden Mehrheit der Menschen auftreten. Diese Beobachtung habe ich im Verlauf von drei Jahrzehnten gemacht, in denen ich mich selbst geheilt und unterrichtet habe, in zwei Jahrzehnten, in denen ich andere Menschen geheilt und unterrichtet habe, und seit kurzem durch etwa dreihundert E-Mails pro Tag, in denen ich um Rat gefragt werde. Die Liste der Bewusstseinszustände ist zwar bei weitem nicht erschöpfend, aber ich hoffe, Sie finden trotzdem etwas, das mit Ihrer Stimmung korrespondiert, wenn Sie einmal mit sich selbst und der Wirklichkeit im Unreinen sind (vorausgesetzt, Sie haben dann das Buch gerade zur Hand). Jedes Thema ist mit einem entsprechenden Titel versehen, zum Beispiel «Befreiung von Schuldgefühlen», «Befreiung von dem Gefühl, immer in Eile zu sein» oder, wie in diesem Kapitel, «Befreiung von der Unkenntnis, wie dieses Buch am besten zu benutzen ist» – falls Sie nicht aufgepasst haben sollten. Obwohl die tatsächliche Ausprägung punktuell bis zu einem gewissen Grad anders als beschrieben sein kann (ich bin schließlich keine Maschine und Sie auch nicht, nehme ich mal an), wird mit Hilfe von verschiedenen gedanklichen Ansätzen der jeweilige Störfaktor ermittelt, analysiert und diagnostiziert.

Der Störfaktor wird (nach taoistischer Theorie) einem ihm entsprechenden Organ oder mehreren Organen zugeordnet. Die Behandlung umfasst neben der Stimulierung bestimmter, energetisch wichtiger Punkte durch Akupressur, Klopfen, Reiben oder andere östliche Heilungsmethoden auch Affirmationen, Visualisierungen, heilende Klänge, Atemübungen und Körperhaltungen oder -bewegungen (wie beim Tai-Chi). Sie führt dazu, sich einen angenehmen Augenblick lang humorvoll in Selbsterkenntnis zu üben, sich zu akzeptieren, von selbst zu heilen und vor allem: zur Selbstbefreiung zu gelangen.

Wenn Sie alle Kapitel nacheinander lesen, werden Sie bemerken, dass sich manche Beschreibungen von regelmäßig anzuwendenden Methoden wiederholen. Ich will nicht etwa unterstellen, dass Sie unter Gedächtnisschwund leiden, sondern Ihnen nur ersparen, den Text auswendig lernen zu müssen. Alles soll so leicht und mühelos wie möglich gehalten werden.

Ich wiederhole mich nur, weil die Zahl der Geisteszustände, die man in einer einzigen Stunde – gar nicht zu reden von einem ganzen Leben – durchläuft, zwar unendlich groß ist, sie alle jedoch letztlich auf das energetische Gleichgewicht von nur fünf Organen, sechs Darmwindungen, einem Gehirn und einem Satz Geschlechtsteilen zurückzuführen sind. Es gibt eben nur soundso viele Möglichkeiten, wie der Hase laufen kann – womit ich natürlich Methoden und Techniken meine, die universell anwendbar und sicher sind (sofern sie richtig genutzt werden) und die überhaupt in einem Buch erklärt werden können.

Seien Sie aber sicher, dass Sie nicht beschummelt werden, obwohl Sie nicht auf jeder Seite eine neue Technik kennen lernen. Was zählt, ist die Kombination der Methoden, mittels derer ein bestimmter Geisteszustand «behandelt» wird, die Reihenfolge ihrer Anwendung und die jeweilige Absicht dahinter.

Ich sollte wohl erwähnen, dass ich auch bestimmte Bach-Blüten empfehle, aber nicht alle. Das heißt nicht, dass die ungenannten in irgendeiner Weise wirkungslos wären. Ich nenne lediglich die, von deren Wirkung auf mich selbst und andere ich mich immer wieder überzeugen konnte. Dieses Buch will keineswegs die Kunst und Wissenschaft der Anwendung von Bach-Blüten darlegen, das überlasse ich lieber Leuten, die sich auf diesem Gebiet besser auskennen. Aber ich muss doch anerkennend sagen, dass ich Edward Bach für einen der bedeutendsten Ärzte des letzten Jahrtausends halte.

Wahrscheinlich werden Sie sich entweder Schritt für Schritt an alle Vorschläge halten, um sich von einer bestimmten Störung zu befreien, oder nur stückweise die Methoden ausprobieren, von denen Sie gleich fasziniert sind. Probieren Sie aber möglichst auch die aus, die auf den ersten Blick keinen Reiz auf Sie ausüben – daraus lernen Sie oft mehr.

Treten Sie den Empfehlungen ruhig mit etwas Skepsis gegenüber, aber bleiben Sie gleichzeitig offen für deren positive und heilsame Auswirkungen. Das gilt besonders für die jeweilige Anwendungsdauer einer Technik, denn die betreffenden Zeitangaben sind nur ein Richtwert.

Noch mehr gilt dieser Rat allerdings im Hinblick auf den Wortlaut der Affirmationen. Affirmationen sind ein sehr persönliches Mittel, um die innere und äußere Wirklichkeit von innen her zu beeinflussen, und sie wirken oft am besten, wenn man sie mit eigenen Worten ausführt. Die hier vorgestellten sollen Ihnen lediglich die Richtung vorgeben, die Sie einschlagen können, um den jeweils anvisierten Geisteszustand zu erreichen, und dürfen nach Belieben angepasst werden.

BEFREIUNG

4

DAVON, KEINE AHNUNG ZU HABEN,
WARUM DER BARFUSSDOKTOR
DIESES BUCH GESCHRIEBEN HAT

Obwohl ich wahrlich viele steife Hälse, Rückenprobleme, Migränen, Tinnitusse, Darmbeschwerden und Schlimmeres bis hin zu unheilbaren Krankheiten behandelt habe, ist meine Spezialität doch stets die Behandlung mentaler Leiden gewesen.

Infolgedessen habe ich den größten Teil von mehr als zwei Jahrzehnten damit verbracht, Leute zu «heilen» oder, anders ausgedrückt, ihnen dabei zu helfen, sich selbst zu heilen, mitten in einer persönlichen Krise ihre Gesundheit zu bewahren oder wiederzugewinnen, und sie dazu zu ermutigen, das ganze Spektrum ihrer Möglichkeiten im Einklang mit dem «postmodernen Lebensstil» von heute (der einen ja wirklich mitnimmt) voll und ganz auszuschöpfen.

Vor zwei Jahren habe ich meine Praxis aufgegeben, zumindest nehme ich kein Geld mehr, wenn ich Leute heile. Ich habe meine Patienten einem Freund überantwortet, von dem ich weiß, dass er sich ordentlich um sie kümmert, und widme meine Zeit jetzt ausschließlich der möglichst weiten Verbreitung meines Wissens (und natürlich meiner Liebe) über alle verfügbaren Medien, um den Prozess der globalen Heilung zu beschleunigen (ehe es, aus globaler und persönlicher Sicht, zu spät ist).

Deshalb habe ich beschlossen, die Früchte meiner Arbeit in einem

Buch zu versammeln und mein Wissen auf so unterhaltsame, unverblümte Art zu verbreiten, dass Leute überall auf der Welt, egal, welchen Geschlechts sie sind, welcher Altersgruppe sie angehören, welches ihr kultureller Hintergrund oder ihre Religion sein mag, ob sie zuvor schon einmal mit diesen Dingen in Berührung gekommen sind oder nicht, Nutzen daraus ziehen und dabei obendrein noch viel Spaß haben können.

Für mich steht und fällt die Entscheidung, ein Buch zu schreiben – was man schließlich nicht jeden Tag macht, selbst wenn man, wie ich, unter einem krankhaften Kommunikationszwang leidet –, mit dem Titel. Und so stand ich eines Tages, den Kopf schön klar von der nachmittäglichen Wintersonne, an der katalanischen Küste am blitzblauen Mittelmeer und fragte mich, wann ich ein solches Buch schreiben sollte und wie der Titel lauten könnte. Plötzlich fiel mir, als würde ein außerirdisches Raumschiff auf dem fruchtbaren Boden meiner Imagination landen, das Wort ein, das ich nie gebraucht und selten gedacht habe, das jedoch das Thema (entschuldigen Sie bitte das Pathos) meines Lebenswerkes bis heute in aller Kürze und Prägnanz wiedergibt – *Befreiung*.

Der Wald seufzte, und die Papierfabriken witterten Morgenluft ...

BEFREIUNG

DAVON, DASS DIESES BUCH
KEINE HANDLUNG HAT

Da sitze ich nun, fast ein Jahr später, an einem Wintertag in der Zwölf-Uhr-Bahn von Paddington (London) Richtung Westen zum Angel Mountain, dem «Engelberg», der einen großartigen, wild zerklüfteten Teil der walisischen Küste überblickt, wo meine Freunde Jeb und Mike seit inzwischen 16 Jahren autark auf einer Biofarm leben (obwohl sie gar nicht besonders freakig sind) – in der stürmischen, bezaubernden Mitte von Nirgendwo, wie man es auf diesen Britischen Inseln nur sein kann, und geduldig aus majestätischer Höhe auf die aufgewühlte, dunkle, eindeutig nicht zum Scherzen aufgelegte Irische See hinabschauen.

Ich will der freundlichen Einladung in die Abgeschiedenheit folgen und mich für eine Runde intensiver schöpferischer Isolation in einen (bis auf das Geräusch des Windes und des Regens) absolut stillen, durch Wasserkraft mit Strom versorgten, spartanisch eingerichteten alten Steinschuppen zurückziehen – um dieses Buch zu schreiben.

Wenn also irgendwann einmal die Worte auf dem Papier verschwimmen, liegt es an den Stromausfällen. Hingegen sind die schöpferischen Ergüsse, die Sie beim Lesen dann und wann erleben werden, höchstwahrscheinlich auf Spannungsstöße zurückzuführen. Alles hängt vom Energiefluss ab, dessen Ursprung eine

Heilquelle ein paar hundert Meter entfernt direkt am Angel Mountain ist (ohne Scherz).
In meiner schier überschwänglichen Freude und Erleichterung, London hinter mir zu lassen, kann ich mich kaum noch bremsen. Endlich bin ich befreit vom dubiosen Luxus schicker Hotels, von Business-Class-Reisen, von der Breitbandrevolution im Internet und 300 E-Mails am Tag, von Terminplanungstreffen, Fernsehshows, kurzen Rundfunkauftritten, Aufnahmestudios, Engagements, Promotion-Events, Interviews, vom Schreiben im Laufschritt, von Telefongesprächen und natürlich SMS-Nachrichten.
Mit anderen Worten: Ich bin ganz der Ihre.
Und Sie?
Sind Sie auch ganz der Ihre, meine ich.
Oder besteht Ihr Leben mal stärker, mal schwächer in der Reaktion auf andere? Versuchen Sie zum Beispiel stets (vielleicht unbewusst), es Ihren Eltern, Kindern, Liebhabern, Freunden, dem Chef, den Kollegen oder Lehrern (und überhaupt allen anderen Kindern auf dem Spielplatz) – kurz dem, was Sie als Allgemeinheit empfinden – recht zu machen?
Sind Sie ein Sklave der Ideen anderer? Oder sind Sie frei?
Fühlen Sie sich nicht verpflichtet, sofort zu antworten. Freiheit ist ein komplexes Thema, bei dem es nicht nur Schwarz oder Weiß gibt, sondern viele Schattierungen dazwischen.
Seltsamerweise hat diese ganze Schreiberei, wie mir eben erst klar geworden ist, vor zwölf Jahren angefangen, das letzte Mal, als ich auf dem Engelberg war. Damals war gerade mein väterlicher Freund und Mentor, R. D. Laing, beim Tennisspielen in St. Tropez an einem Herzinfarkt gestorben, und auf der Farm bei Jeb (eine seiner und meiner engsten Freundinnen) schien der beste Platz zu sein, um sich ein paar Tage auszuweinen.
Zwischen Weinen und, wie es so geht, Lachen, in den Pausen also, in denen mein Zwerchfell ruhte, pflegte ich zum Schuppen

hinüberzupilgern und im Schein einer alten Petroleumlampe zu schreiben. (Mike hatte damals noch keinen Strom – das war noch eines jener gewaltigen Zukunftsprojekte, die er eines Tages angehen wollte.) Ich schrieb Stunde um Stunde und gab dabei Riesenmengen frei fließenden Bewusstseins ab, die schließlich zu einer persönlichen Prophezeiung für mich kondensierten, welchen Lauf mein Leben nehmen sollte. Dabei war es wichtig, eine Verbindung herzustellen zwischen dem Entschluss zum Schreiben und den Worten auf dem Papier, die sich (zu meiner Überraschung) mit der Zeit so weit entwickelten, dass Sie jetzt hier bei mir sitzen (oder womöglich in einer überfüllten U-Bahn stehen) und sich mit meiner Hilfe durch ebendiese Worte zu befreien versuchen.

Was mich auf den Gedanken bringt, wie phantastisch dieses Leben doch sein kann, wenn man aufhört, sich ihm zu widersetzen, wenn man – zum Beispiel in diesem Moment – Körper und Geist entspannt, keinen Versuch mehr macht, die Folgen seines Handelns zu kontrollieren, wenn die Dinge sich so entfalten dürfen, wie sie wollen, und man bereit ist, jeden Augenblick, der aus dem Nichts entsteht, mit der absoluten Totalität seiner selbst zu füllen. Beeilen Sie sich, ehe er wieder ins Nichts entschwindet.

Vor allem aber werden Sie, sobald Sie mit Verstand, mit ganzem Herzen und ganzer Seele auf diese Wirklichkeit bauen, allmählich (denn es braucht seine Zeit) voller Heiterkeit merken, dass alles, was Sie sich gewünscht, wofür Sie die Affirmationen gemacht, was Sie visualisiert und wonach Sie sich gesehnt haben, fortwährend in Erfüllung geht.

Es ist ein gütiges Universum, das wir bewohnen. Wer das so sieht, für den wird es so sein. Betrachtet man es als feindlich, erlebt man es dementsprechend. Die Qualität unserer Erfahrungen ist ganz klar Entscheidungssache. Sicher gibt es unglaublich viel Schmerz und Leid. Sogar jetzt in diesem Augenblick, während Sie dies lesen, vielleicht sogar in Ihnen selbst – deshalb schreibe ich ja auch in erster Linie für Sie. Aber je mehr Freiheit Sie sich gestatten, desto mehr werden Sie zur Linderung der Schmerzen beitragen.

Sie werden weder sich selbst noch jemand anderem helfen können, solange Sie ein Miesepeter sind und schlechte Laune verbreiten. Egal, wie groß das Leid in Ihrer Umgebung auch sein mag: Bleiben Sie unbedingt fröhlich! Denken Sie an die schönen Dinge des Lebens und lenken Sie sich ab. Sie brauchen sich nicht gerade über den Schmerz zu freuen – Schmerzen tun weh –, aber Sie können versuchen, einfach froh darüber zu sein, zu leben und das ganze Drama dieser Welt mitzubekommen. Denjenigen in Ihrem Umkreis, die leiden, ist es lieber, wenn sie mit Ihrer Freude mitschwingen können statt mit Ihrem Kummer – denn dann geht es ihnen besser. Sie könnten es fast als Ihre Pflicht betrachten, sich auf Ihre Freude zu besinnen und sich von jetzt an immer darin zu üben, sei es auch nur um dieser schönen Kunst willen.

Natürlich erfordert es Mut, fröhlich zu sein, und Mumm, frei zu sein, aber Sie sind nicht auf diesem Planeten, der mit über 100 000 Stundenkilometern durch das unendliche Universum rast, während er sich gleichzeitig mit mehr als 1600 Stundenkilometern um die eigene Achse dreht, «abgesetzt» worden, um ein Angsthase zu sein. Deshalb lohnt es sich, so viel Mut wie möglich zu entwickeln.

Zur Stärkung Ihres Muts kann ich Ihnen sofort verhelfen, wenn Sie wollen. Sagen Sie einfach: «*Ich bin mutig!*»

Sie finden das eher komisch? Albern, sich mit so etwas Mut zuzusprechen? Ist es aber nicht. Eine gute Anfeuerungsrunde (mindestens) einmal am Tag ist im Grunde ein Muss, wenn Sie sich von den Fesseln generationenalter Schmerzen und Täuschungen befreien wollen, durch die Sie sonst daran gehindert werden, voll und ganz Sie selbst zu werden und sich des Lebens zu freuen. Also los, sagen Sie es schon:

«Ich bin mutig! Ich habe genügend Mut, um dieses Abenteuer am Schlafittchen zu packen, es voll und ganz auszuleben und von jetzt an unter allen Umständen fröhlich zu bleiben!»

Ich würde Sie ja telefonisch beglückwünschen, dass Sie es wirklich gesagt haben, aber wie sich gerade herausstellt, gibt mein Handy keinen Mucks mehr von sich (so weit bin ich von der «Zivilisation» entfernt), und ich habe im Augenblick keine Lust, durch den Matsch zum Telefon im Farmhaus zu gehen. Außerdem kenne ich Ihre Nummer gar nicht, und vielleicht wäre es auch übertrieben in diesem frühen Stadium unserer Bekanntschaft. Stellen Sie sich einfach vor, ich hätte es getan, und Sie werden vom Kopf bis zu den Zehen wohlige Wärme spüren.

BEFREIUNG

VON REINER PROSA

Mögen Sie Gedichte? Wenn nicht, lassen Sie dieses Kapitel aus und blättern Sie gleich weiter zum nächsten. Falls doch, lesen Sie im Folgenden eine lyrische Unterweisung in der Philosophie, die diesem Buch zugrunde liegt. Es ist zu hoffen, dass Sie sich irrsinnig freuen (über das Gedicht, die Philosophie und das Buch).

> Welch angenehmes Abenteuer.
> Welch elegante Folge einzelner Momente.
> Solche, die dich thrillen,
> solche, die dich füllen,
> solche, wo du selbst noch bist
> und aus deiner Mitte siehst,
> die dem Wahnsinn du entziehst,
> da sich rings das Spiel entfaltet,
> endlos Shivas Tanz gestaltet.
>
> Manchmal lässt der Tanz
> vor lauter Angst dich schreien.
> Das nächste Mal, da findest du ihn fein.
> Mal scheint der Weg verfehlt,
> und mal erscheint er richtig,

dabei ist alles Schein,
sind es bloß Lichtspielereien.

Wahrscheinlich fragst du dich:
Wie soll mir das helfen?
Und dann sag ich:
Du brauchst doch keine Hilfe,
jedenfalls nicht, wie du denkst;
denn wenn du dies nicht mehr vergisst:
dass es okay ist, wie du bist,
wird alle Hilfe dir zuteil, die du vermisst.

Falls dich das jetzt verwirrt
und deinen Geist beirrt,
reicht es, wenn ich dir sage,
dass jetzt, ab diesem Tage,
nichts jemals mehr so sein wird wie zuvor.
Das heißt nun nichts,
denn es war niemals wie zuvor.
Es gibt kein Ende und auch keinen Start,
nur ein Kontinuum.
Es ist Theater, es ist «Art»,
und du spielst darin einfach deinen Part.
Du spielst nur einfach deinen Part.

Ich will es einmal erklären:

Angenehm? Stellen Sie sich vor, Sie würden einen Zustand anhaltenden Gleichgewichts erreichen, sodass Sie Bilanz ziehen und diesen ganzen Trip mit seinen gewaltigen Höhen und unermesslichen Tiefen betrachten könnten, um sich dann zurückzulehnen und ganz gelassen in der obigen (ironischen) Untertreibung zu schwelgen. *Abenteuer*, weil eine andere Betrachtungsweise, die dieses Geschenk, das Leben, auf etwas reduziert, das in der scheinbaren Sicherheit und Voraussagbarkeit der Mainstream-Sackgassenwirklichkeit eingefangen und gezähmt werden kann, Ihnen seine beste Eigenschaft vorenthält – *das Geheimnisvolle*.

Nur die Anerkennung des Geheimnisvollen dieses Abenteuers und die Hingabe daran, ohne im Voraus zu wissen, was als Nächstes kommt, enthüllt seine Magie und macht es zu einem Märchen, in dem allen Widrigkeiten zum Trotz Träume wahr werden können. (Singen Sie «*Somewhere Over the Rainbow*».) *Magie*, weil jeder einzelne Lebensmoment ebenso wie die 24 Standfotos pro Sekunde, durch die ein Film wie ein ununterbrochener Handlungsstrom wirkt, von selbst aus dem Nichts (oder dem Alles) des Tao entsteht und am Ende wieder dorthin zurückkehrt – wobei der eigene Geist das Filmmaterial oder der Datenträger ist, auf dem die Standbilder gespeichert sind. Diese unabhängigen, einzelnen Momente reihen sich so fließend aneinander, dass nicht einmal die Lücken zu bemerken sind. Es wäre ja auch ein ziemlich mieser Film, wenn es anders wäre.

Gelegentlich wird Sie das Einfach-hier-Sein, bei dem Sie Zeuge all dessen werden, erregen und total begeistern. Ein andermal sind Sie einfach nur davon erfüllt und zufrieden. Bisweilen werden Sie sogar, wie drastisch sich auch alles um Sie herum verändern mag, das Gefühl einer bleibenden, unveränderlichen Identifikation mit dem stillen kleinen Raum oder der leisen «Stimme» in Ihrem Innern haben – dem Selbst, das Sie nicht beschreiben können, das aber jetzt hier sitzt und all dies aufnimmt, unabhängig davon, dass sich außen und innen unablässig das Drama von Schöpfung und Zerstörung nach seinem eigenen, ewig wechselnden Muster entfaltet (für den Hindu Shivas Tanz, für jemanden, der sich mehr am Taoismus orientiert, der Tanz von Yin und Yang).

Manchmal erfüllt Sie die Gewaltsamkeit des Tanzes mit Angst und Schrecken (meist davor, einen Fehler zu machen und tot umzufallen). Und ein andermal empfinden Sie nichts als reines Entzücken.

Dann und wann werden Sie etwas tun, was vielleicht wie ein Fehler aussieht, sich in der Rückschau jedoch als der entscheidende Auslöser herausstellt, der Sie in frischere, üppigere Weidegründe getrieben hat. Zu einem anderen Zeitpunkt mag es Ihnen scheinen, als würden Sie das Richtige tun, während Sie in Wirklichkeit blindlings in eine Sackgasse marschieren. Der Punkt ist, dass für das unerschütterliche innere Auge (das Zentrum), das alles beobachtet (all die Links- und Rechtskurven samt ihren Folgen), Ihre Erlebnisse nur ein flüchtiges Schauspiel sind.

Kaum erhalten Sie Informationen (wie diese), fragen Sie sich auch schon, wie Ihnen das weiterhilft und was Sie davon haben (stimmt's?). Ist ein Körnchen Wahrheit daran, das Ihnen von Nutzen sein könnte, und wenn ja, könnten Sie dadurch erleuchtet werden und den Durchblick bekommen, Ihre Beliebtheit steigern oder es vermarkten und damit mehr Geld verdienen?

Sie (und denken Sie nicht, ich meinte nur Sie) halten an der Illusion fest, dass Sie so, wie Sie sind, unvollständig sind und sich vervollkommnen müssen. Und Sie glauben, perfekt zu werden, wenn Sie sich mehr aneignen – mehr Informationen, Fähigkeiten, Reichtum, Besitz, Status, Liebhaber, Kinder oder Freunde –, während Sie in Wirklichkeit von Anfang an schon vollkommen sind. Es ist nur ein Spiel, das Sie mit sich selbst spielen, um Ihrem Leben einen Sinn zu geben. Sobald Sie sich im Hier und Jetzt als vollkommen betrachten, wirft die Welt Ihnen paradoxerweise alles in den Schoß, was Sie sich wünschen, ohne dass Sie einen Finger krumm machen müssten, und erfüllt Ihr Leben mit so viel Sinn, dass Sie gar nicht mehr wissen, was Sie damit anfangen sollen. Das nennen die Taoisten *Wu Wei*. Wir im Westen könnten von einem «Zustand der Gnade» sprechen, und diesen Zustand können wir sofort aktivieren, wenn wir auf unserem inneren Laptop «Zustand der Gnade» anklicken und bis zu neunmal hintereinander die folgenden Sätze wiederholen:

«Ich, (Ihr Name), befinde mich in einem Zustand der Gnade. Ich bestätige, dass ich so, wie ich bin, vollkommen bin. Alles, was ich mir immer gewünscht habe, wird jetzt wahr.»

Da: schon aktiviert. Aber das heißt nicht, dass Sie jetzt nichts mehr dafür tun müssten. Sie können nicht erwarten, als fauler, träger, übellauniger Schlumpf, der nie aktiv wird, tolle Ergebnisse im Leben zu erzielen. Alles, was Sie sich von der Welt wünschen, hat seinen Ursprung zwar im Tao, kommt Ihnen jedoch durch andere Menschen zu und wird sich schneller und mit größerer Wirkung einstellen, je mehr sinnvolle Wechselbeziehungen Sie mit anderen unterhalten.

Können Sie das (noch immer) nicht verstehen? Dann muss ich deutlicher werden. Sie wollen, dass Ihr Leben besser verläuft. Jeder will das – es ist Teil des Menschseins. Das Verlangen, die Dinge zu verbessern, ist vermutlich die treibende Kraft in der Menschheitsgeschichte. Hören Sie also auf, sich an die Vergangenheit zu klammern und daran festzuhalten, wie die Dinge bisher gewesen sind. Erkennen Sie, dass Sie in ebendiesem Augenblick die Chance haben, sich davon zu lösen und sich auf das Geheimnisvolle einzulassen in der Gewissheit, keine Ahnung zu haben, was als Nächstes passieren wird. Auch wenn es so scheinen mag: Man kann nie zweimal in den gleichen Fluss steigen.

Aber das ist nichts, wovor Sie Angst haben müssten – und sollten Sie sich trotzdem fürchten, dann lassen Sie sich nicht von Ihrer Angst überwältigen. Vom heutigen Tag an wird nichts mehr so sein wie zuvor, weil alles in der Welt im Fließen begriffen ist. An diesem Tag, in dieser Stunde, dieser Minute oder Sekunde ist allerdings nichts außergewöhnlich oder per se anders als sonst. Jeder Augenblick gibt einfach Gelegenheit, die Dinge anders zu sehen.

Zum Beispiel könnten Sie erkennen, dass der Tanz nicht geradlinig voran-, sondern vielmehr im Kreise herumführt. Obwohl es so scheinen mag, als gäbe es einen festen Start- und Endpunkt, sind nur Sie selbst da in Ihrer Mitte, die sich dem Wahnsinn der Welt entzieht; sitzen Sie selbst bis in alle Ewigkeit still dort, während sich von Atemzug zu Atemzug das Kontinuum des Lebens (einschließlich Ihrer persönlichen Runde von Geburt, Tod und Wiedergeburt) entfaltet. Der Wechsel der Szenen und Personen, die Bühnenauf- und -abtritte sind lediglich Theater; Sie brauchen sich also nur voll und ganz für die Rolle zu engagieren, die Sie von Augenblick zu Augenblick gerade spielen.

Ich behaupte nicht, dass dies wahr ist, sondern stelle es nur als eine Sichtweise der Welt dar. Ob Sie darauf eingehen, bleibt ganz und gar Ihnen selbst überlassen. Ich kenne die «Wahrheit» auch nicht besser als Sie. Sie ist einfach da, während ich dieses Buch schreibe und Sie es (jetzt) lesen. Vergessen Sie nicht, dass es Ihnen freisteht, anzunehmen, was immer Ihnen gefällt, und alles Übrige abzulehnen – schließlich ist es Ihr Buch (wenn es nicht geliehen ist).

Und was ist nun mit allem Übrigen?

Lassen Sie je Ihre Gedanken zum Stillstand kommen? Sitzen Sie jemals da wie eine Eibe oder eine Bananenstaude, selbst-los und wunschlos?

Machen Sie mal Pause.

BEFREIUNG

VON DER UNWISSENHEIT, WIE DIE
LEBENSWICHTIGEN ORGANE DIE VERSCHIEDENEN
GEISTESZUSTÄNDE BESTIMMEN

Was fühlen Sie jetzt gerade?
Fällt Ihnen zu dieser Frage absolut nichts ein?
Horchen, schauen, fühlen oder denken Sie sich in Ihren Bauch hinein. Seien Sie einen Augenblick lang sehr empfindsam. Spüren Sie Angst? Trauer? Angespanntheit? Kummer? Gram? Frustration? Eine Mischung aus allem? Oder würden Sie behaupten, nichts von alledem?
Stört es Sie, das zu empfinden oder nicht zu empfinden? Stört es Sie, dass ich so viele Fragen stelle, wo ich doch eigentlich die Antworten liefern sollte?
Ich erinnere mich an eine Therapie in jüngeren Jahren, als ich noch etwas gestörter war als jetzt und ziemlich viel Geld für eine wöchentliche Sitzung bei einer höchst ungewöhnlichen Therapeutin namens Shri bezahlte. Wir machten einige Fortschritte und konnten ein paar gedankliche Knoten lösen, bis wir zum Komplex der Gefühle kamen. Als ich zu meiner Sitzung erschien, musste ich mich hinlegen und mich auf meine Gefühle konzentrieren, statt auf das, was mir durch den Kopf ging. 50 Minuten später wachte ich vom Klang ihrer Stimme auf, als sie sagte: «So, die Sitzung ist beendet.»

«Aber wir haben doch über gar nichts geredet!», wandte ich ein und fühlte mich ein bisschen ausgetrickst.

«Ich hatte Ihnen gesagt, dass heute Ihre Gefühle an die Reihe kämen, und so gehen Sie mit Ihren Gefühlen um – Sie retten sich in die Bewusstlosigkeit.»

Ich bin zwar nicht mehr zu ihr gegangen, weil ich fand, dass ich ebenso gut auch zu Hause 50 Minuten auf eigene Verantwortung und noch dazu umsonst schlafen konnte, aber diese letzte Sitzung hat mir trotzdem etwas gebracht. Sie hat mich sensibilisiert. Jetzt, nach Jahren der Übung, kann ich Ihnen sofort sagen, wie ich mich innerlich fühle. Mal ganz abgesehen von dem verdammten Fröstelgefühl, das einen in diesem alten Steinschuppen inmitten eines heftigen keltischen Küstensturms immer überkommt und dem ein ganzes Bataillon von Sweatshirts, eins über dem anderen, ebenso wenig gewachsen ist wie der brave alte Ofen in der Ecke. Ich habe ein bisschen Angst (weil ich in dieser wilden, nassen, sturmgepeitschten Natur ziemlich einsam und verlassen bin) und spüre – aus den gleichen Gründen – eine gewisse Anspannung; außerdem einen Anflug von Trauer über all das unnötige Leiden in der Welt, das Dummheit und Grausamkeit in ebendiesem Augenblick verursachen. Zudem gräme ich mich ein wenig, weil ich alle Betriebsamkeit und viele liebe Menschen vorerst hinter mir gelassen habe; darüber hinaus frustriert es mich ein kleines bisschen, nicht schneller denken und schreiben zu können, und dann sehne ich mich auch noch entfernt nach irgendetwas, ich weiß nicht was (vielleicht nach irgendeinem heißen Strand unter blauem Himmel). Angst ist jedoch das vorherrschende Element in diesem Potpourri. All das kann ich schwach ausmachen in genau der Weise, in der ich mir (bis jetzt jedenfalls) unbewusst die Flexibilität meines Bauches erhalte.

Ich kämpfe nicht gegen die Gefühle an und versuche auch nicht, etwas daran zu ändern. Ich beobachte sie einfach und atme so, dass die Atembewegungen meinen Bauch massieren und die Gefühle daran hindern, sich festzusetzen und zu Energieblockaden zu werden – denn dann würde es mir schlecht gehen, und ich könnte nicht mehr schreiben. Da es hier aber außer dem Schreiben absolut nichts zu tun gibt, passe ich natürlich höllisch auf, nicht in diese kleine Selbstmitleidsfalle zu tappen.

Wie steht es denn nun mit Ihnen? Was ist bei Ihnen da drinnen los? Ich gehe jetzt mal kurz zum Ofen hinüber, und in der Zwischenzeit können Sie in Ihren Bauch hineinhorchen, -schauen, -fühlen und -denken. Und ich kann Ihnen währenddessen erzählen, wie wunderbar es hier in ein paar Jahren sein wird, wenn Mike endlich eine Fußbodenheizung verlegt hat. Der Wind heult, es ist kalt und dunkel, meilenweit ist niemand da außer sechs verrückten Pferden auf einer Wiese in der Nähe, und ich muss schon sagen, dass ich Ihre Anwesenheit hier allmählich wirklich schätze. Ich hoffe, dass Sie sich langsam eingewöhnen und es genauso genießen wie ich.

Also: Was fühlen Sie? (Sagen Sie's dem Onkel Barfußdoktor!)

Interessant ist, wie sich beim weiteren Lesen des Buches zeigen wird, dass jedes Ihrer Gefühle mit dem Energiezustand Ihrer fünf lebenswichtigen Organe zusammenhängt: Nieren, Leber, Herz, Milz (mit Bauchspeicheldrüse) und Lunge. Die folgenden Seiten bieten bei weitem keine erschöpfende Erklärung dafür, wie das praktisch funktioniert, sondern sollen Ihnen nur einen kleinen Vorgeschmack geben. Alles Übrige wird sich im Laufe des Buches finden.

Mit Sicherheit werden die dargelegten Theorien orthodoxe Schulmediziner und einige der eher konservativ orientierten Anhänger östlicher Heilverfahren zum Hüsteln oder Spötteln bringen. Wenn Sie einer der genannten Gruppen angehören und das, was jetzt folgt, für ausgemachten Quatsch halten, haben Sie womöglich Recht. Immerhin ist es aber Quatsch, der Wirkung zeigt, deshalb sollten Sie ihn ausprobieren, ehe Sie voreilige Schlüsse ziehen. (Danke.)

Der Darmtrakt und alle Organe mit ihren jeweiligen Funktionen korrespondieren mit einem der fünf Elemente. Jedes Organ und jeder Darmabschnitt ist dafür verantwortlich, die ihm entsprechende elementare Energie durch Körper, Geist, Seele und alles drum herum zu leiten.

Nieren und Blase entsprechen dem Wasser, Leber und Gallenblase dem Holz, Herz und Dünndarm dem Feuer, Milz (einschließlich der Bauchspeicheldrüse) und Magen der Erde, und Lunge und Dickdarm dem Metall.

Das Gesetz der fünf Elemente besagt: Wasser fördert das Wachstum der Dinge (zum Beispiel von Holz); Holz fängt Feuer; Feuer kühlt ab und lässt so Planeten (wie die Erde) entstehen; aus der Oberfläche der Planeten kann Metall geschürft werden; Metall schmilzt und wird flüssig.

Das heißt: Wasser nährt Holz, Holz nährt Feuer, Feuer nährt Erde, Erde nährt Metall, und Metall nährt Wasser.

Umgekehrt macht Holz Metall stumpf, löscht Wasser Feuer, bringt Feuer Metall zum Schmelzen, setzt Erde dem Wasser Grenzen (durch Bildung von Flussufern und Urlaubsorten am Meer wie Southend-on-Sea oder Acapulco, um nur zwei zu nennen), und Metall schneidet natürlich Holz.

Alles Existierende durchläuft die eine oder andere Phase dieses Kreislaufs. Ihre Fähigkeit, die kosmischen Kräfte von Yin und Yang zu nutzen, während Sie davon durchströmt werden, diesen irrsinnigen Tanz der fünf Elemente, die sich unaufhörlich gegenseitig nähren und in Schach halten – all das hängt von der relativen Stärke oder Schwäche Ihrer Organe und Därme sowie der Chi-Energie ab, die durch die beiden Kräfte erzeugt und über entsprechende Meridiane (Energie- oder Chi-Kanäle) weitergeleitet wird.

Außerdem bestimmen Ihre Organe und Därme – in ihrer jeweiligen Verbindung mit einem der fünf Elemente –, wie sich dieser Tanz in Körper, Geist und Seele manifestiert, und im weiteren Sinne auch, wie äußere Ereignisse in Ihrem Leben Gestalt annehmen.

Wenn beispielsweise Ihr Nieren-Chi schwach ist (Wassermangel), leidet darunter Ihre Leber (weil Wasser Holz nährt). Oder wenn Ihr Lungen-Chi zu heiß ist, etwa, weil Sie zu viel rauchen oder an einem trockenen Husten leiden, wird dadurch Ihre Leber angegriffen (Metall schneidet Holz); und wenn Ihre Leberenergie überheizt ist, weil Sie vielleicht einfach ein reizbarer alter Knochen sind oder zu viel Schnaps trinken, wird Ihre Lungenenergie geschwächt (Holz macht Metall stumpf).

Dieser gesamte Vorgang mit seinen vielen Möglichkeiten ist unendlich komplex und kann wahrscheinlich nur durch jahrelanges Studium und anschließende Jahre der Praxis tief greifend erfasst werden. Das soll Sie jedoch nicht daran hindern, sich die Grundformel begreiflich zu machen und sie mit großer Wirkung anzuwenden, um Ihren Energiehaushalt und Ihren emotionalen, seelischen, mentalen, physischen, sexuellen, sozialen, ja sogar Ihren finanziellen Zustand in ein gesundes Gleichgewicht zu bringen. (All das werden Sie merken, während Sie leicht und mühelos durch den Fluss der Textzeilen waten, der sich so verlockend vor Ihnen ausbreitet.)

Während Sie also dem Flusslauf folgen, werden Sie wahrscheinlich feststellen, dass die meisten Geisteszustände, von denen wir uns befreien wollen, am ehesten der Milz oder den Nieren zuzuordnen sind. Vielleicht denken Sie, das sei unfair gegenüber den anderen Organen und dem Darm. Obwohl keine Mühe gescheut wurde, die beteiligten Eingeweide gleich zu behandeln, ist es einfach so, dass entweder die Milz oder die Nieren oder beide ursächlich an einer problematischen Situation beteiligt sind. Viele Ärzte der östlichen Medizin glauben, dass jedes Problem allein durch den Umgang mit dem Element Erde (Magen und Milz) behandelt werden kann: Wenn die Verbindung zur Erde gesund ist, besteht die Chance, dass man in jeder Hinsicht gesundet. Manche Ärzte wiederum denken, alles behandeln zu können, indem sie sich nur mit den Nieren befassen (dahinter steht der Gedanke, dass die Nieren dem Element Wasser entsprechen und Wasser ein so entscheidender Faktor für den Erhalt des Lebens auf der Erde ist, dass durch eine ausgeglichene Funktion der Nieren die gesamte lebenserhaltende Struktur ins Lot gebracht wird).

Nach über 20 Jahren intensiver therapeutischer Erfahrung sieht es für mich so aus, als sei beides richtig. Daher also das besondere Gewicht auf Milz und Nieren. Aber dennoch: Ein Hoch dem Herzen, der Lunge und all den anderen Organen, die so lange so gute Arbeit geleistet haben und noch leisten – mögen sie noch viele Jahre so weitermachen!

Doch kommen wir wieder zur Sache: Wenn Sie Angst empfinden, heißt das, dass Ihre Nierenenergie kalt ist und eine Aufwärmung braucht. Und andersherum: Sie bekommen Angst oder werden unruhig, wenn Ihre Nieren kalt werden und sich zusammenziehen. Sobald Sie sich fürchten, sollten Sie also Ihre Nieren warm halten, und schon verfliegt die Angst (die letztlich nur eine Form von Energie ist), oder sie hört zumindest auf, ihre Gefühle zu dominieren. Sollten Sie jedoch einen so starken Willen besitzen, dass nichts und niemand dagegen ankommt (und Sie infolgedessen keine Freunde haben), bedeutet das, dass Ihre Nieren insgesamt zu heiß sind und schleunigst Abkühlung brauchen – ehe Sie noch hingehen und einen Krieg anzetteln.

Ihre Nieren bestimmen Ihren Überlebenstrieb und müssen im Gleichgewicht sein, damit Sie optimalen Gebrauch davon machen können, ohne anderen zu schaden. Da sie dem Element Wasser entsprechen und die Eigenschaften Flüssigkeit und Kontinuierlichkeit besitzen, kontrollieren sie generell den Energiezu- und -abfluss im Leben.

Wenn Sie wütend, frustriert oder auch einfach nur niedergeschlagen sind, ist Ihre Leber dabei, sich zu überhitzen – die Galle steigt Ihnen hoch. Bei Depression oder Schüchternheit hingegen ist Ihre Leber kalt, zusammengeschrumpft und ohne ausreichende Blutzufuhr. Ihre Leber beherbergt die Wildheit in Ihnen, die regelmäßig Ausdrucksmöglichkeiten benötigt, zum Beispiel Tanzen (in Maßen), zwanglose Geselligkeit, Bewegung oder sinnvolle Interaktion mit anderen. Wird sie daran gehindert, weil Sie zu viel arbeiten oder zu viel Zeit damit zubringen, sich als überzivilisierter Affe aufzuführen, werden Sie depressiv – im wahrsten Sinne des Wortes niedergedrückt.

Ihre Leber bestimmt zudem Ihre Persönlichkeit – das sozialisierte äußere Erscheinungsbild bzw. die Maske dieser inneren Wildheit (das Wort Persönlichkeit ist vom griechischen *Persona*, «Maske», abgeleitet). Sie legt fest, bis zu welchem Grad Sie zu Introvertiertheit oder Extravertiertheit neigen. Wenn Ihre Leber stark durchblutet wird und die Leberenergie zu heiß ist, werden Sie hochtrabend und herrisch. Ist Ihre Leber unzureichend mit Blut versorgt und die Leberenergie zu kalt, werden Sie ein Mauerblümchen, ein Versager.

Die Leber entspricht dem Element Holz, also den Bäumen, die (hoffentlich) wachsen, und ist deshalb im Allgemeinen für das persönliche Wachstum und die Entwicklung oder für Ungewissheit und Stillstand verantwortlich, je nachdem.

Heiterkeit, Wohlgefühl, Freude und (herzhaftes) Lachen in jeder Lebenssituation zeigen, dass die Herzenergie ausgewogen ist und man gut mit Ihnen auskommt. Wer allerdings so ausgelassen ist, dass er ohne ersichtlichen Grund kichernd und glucksend wie ein Irrer herumläuft (und die Leute ihn leicht für verrückt halten), beweist, dass seine Herzenergie zu heiß ist.

Die Herzenergie bestimmt Ton und Färbung der geistigen Landschaft und die Zirkulationsrate der Gedanken (wie beim Blutkreislauf), sowohl im Wachen als auch im Schlaf. Wenn Ihr Geist hyperaktiv ist, Sie im Wachzustand unter Größenwahn und Selbstüberschätzung leiden oder wilde, verrückte oder verstörende Träume haben, kann das bedeuten, dass Ihre Herzenergie überhitzt ist. Empfinden Sie hingegen alles, was Ihnen in den Sinn kommt, als bedrückend und raubt Ihnen das Unbekannte den Mut, ist das ein Zeichen für eine zu kalte Herzenergie.

Das Herz entspricht dem Element Feuer, und dieses Feuer lässt Ihre Augen leuchten – besser gesagt: Ihre Seele, denn es steht generell für die Liebe, Wärme und Leidenschaft, die Sie in jedem Augenblick empfinden und zum Ausdruck bringen.

Wenn Sie unzufrieden sind, sich benachteiligt und allein gelassen fühlen, traurig oder melancholisch sind und sich dabei ertappen, wie Sie im Geiste immer wieder das Gleiche durchkauen, zeigt das, dass Ihre Milzenergie zu schwach und kühl ist und Aufwärmung und Festigung braucht. Sind Sie allerdings so sehr von Ihren eigenen Ansichten überzeugt, dass keine Bewegung mehr möglich ist, so selbstzufrieden, dass Sie kein Gespür mehr haben für das Leiden anderer, so kopflastig, dass Sie nichts mehr fühlen, oder so diesseitig, dass Sie sich allmählich für den Weltherrscher halten, beweist das, dass Ihre Milz zu heiß und zu trocken ist.

Die Milz entspricht dem Element Erde, der materiellen Ebene, und bestimmt daher die intellektuellen Fähigkeiten und die Art und Weise, in der man tagtäglich über die Runden kommt, was den Broterwerb und die reibungslose Aufrechterhaltung der persönlichen Infrastruktur angeht.

Wenn Sie wehmütig sind und stets der Vergangenheit nachtrauern, sodass die Gegenwart Sie nicht inspirieren, Ihre Phantasie beflügeln und Ihre Kreativität fördern kann, ist Ihre Lungenenergie schwach und kalt. Werden Sie umgekehrt stets von Langeweile und Unruhe geplagt, wo Sie auch sind, und planen in die Zukunft hinein, besonders in die ferne Zukunft, oder wenn Sie so phantasievoll und kreativ sind, dass Sie kaum noch Ihre Schnürsenkel binden können, ist Ihre Lungenenergie überhitzt und schäumt über. Ist die Lungenenergie hingegen ausgewogen, sodass ebenso viel Kraft hinter dem Einatmen steckt wie hinter dem Ausatmen, haften Sie weder an der Vergangenheit noch an der Zukunft, sondern sind fest im «Jetzt» verwurzelt (wie die New-Age-Freaks sagen würden).

Die Lunge entspricht dem Element Metall (oder der Luft) und bestimmt durch ihre rhythmische Arbeit den Gesamtrhythmus des Lebens.

Das ist natürlich eine extrem grobe, vereinfachende Erklärung eines hochkomplexen Zusammenhangs, aber jeder Betroffene, der nicht will, dass sich dieses Buch in eine langweilige alte Schwarte über chinesische Medizin verwandelt, tut gut daran, sich vorerst damit zufrieden zu geben. Ganz abgesehen davon, dass niemand auch nur eine Sekunde lang so fühlt wie der andere. Es gibt unendlich viele Gefühlsvarianten und entsprechende Energieebenen und -eigenschaften in den verschiedenen Organen, aber die werden später beleuchtet, wenn wir uns mit spezifischen Geisteszuständen befassen.

Der springende Punkt ist der, dass es im Grunde bei Ihnen selbst liegt, die Energie in Ihren lebenswichtigen Organen so zu lenken, dass sich Ihre geistige Verfassung beständig einpendelt, ganz gleich, was um Sie herum geschieht, und Sie jenen geheiligten Gleichgewichtszustand erreichen, in dem Sie nur noch denken können: «Ein verdammt schönes Abenteuer, dieses Leben!»

Dies wird wiederum unvorhergesehene Mengen an bisher stagnierender Lebenskraft (Energie) freisetzen, die Ihr Körper endlich nutzen kann, um Ihr Immunsystem zu stärken und Sie von andern physischen Gebrechen zu heilen.

BEFREIUNG

DAVON, NICHTS ÜBER ENERGIE ZU WISSEN

Was genau ist nun diese Energie, diese Lebenskraft, auf die ich so vehement verweise? Besser ist vielleicht die Frage, was sie nicht ist.

Alles in diesem Universum ist Energie, entweder aktive oder gebundene Energie (gebunden in dem Sinne, dass sie in scheinbar träger Materie eingeschlossen ist, also im Grunde in eine Ansammlung von Energie, die sich nur sehr langsam bewegt).

Energie ist intelligent. (Akzeptieren Sie das erst einmal als empirische Beobachtung.)

Energie ist immer in Bewegung.

Energie strömt unablässig. Je mehr sie daran gehindert wird, umso langsamer fließt sie. Aber sie fließt auf jeden Fall, wie Wasser.

Energie durchströmt auch Ihren Körper.

Wenn Sie sich geistig auf Energie konzentrieren, verstärkt sie sich.

Wenn Energie verstärkt wird, kann man damit heilen, sich verteidigen und sogar richtig zaubern, das heißt, durch *Wu Wei* alles Mögliche im eigenen Leben oder im Leben anderer geschehen zu lassen.

Wohin Ihre Gedanken auch schweifen mögen, Ihre Energie folgt Ihnen. Das gilt sowohl innerhalb wie außerhalb Ihres Körpers.

Wenn Sie an Ihre Leber denken (sie müsste rechts unter den Rippen liegen), wandert Ihre Energie dorthin. Wenn Sie (mit entsprechender Aufmerksamkeit) an jemanden denken, strömt dem Betreffenden Ihre Energie zu. Ich sage «Ihre» Energie, doch im Grunde ist es einfach Energie. Niemand besitzt sie, ebenso wenig wie Luft besessen werden kann.

Wo Energie hinströmt, dahin fließt auch das Blut, und dann setzt Heilung ein.

Energie fließt im Körper durch zwölf Energiekanäle bzw. Meridiane, die jeweils mit einem Organ oder Darmbereich in Verbindung stehen und tagtäglich mit der Außenwelt interagieren, außerdem durch acht «Extra»-Kanäle, die den physischen Körper mit dem «Geistkörper» verbinden.

Von jetzt an werde ich überwiegend das Wort «Chi» (gesprochen «Tschi», heute aus unerfindlichen Gründen, die möglicherweise auf den Genossen Mao zurückzuführen sind, oft auch «Qi» geschrieben und «Ki» ausgesprochen) benutzen, weil es schneller zu tippen ist – aber im Grunde sind all diese Worte austauschbar.

Bleibt im Augenblick nur noch zu sagen, dass durch die Aufhebung der Blockierungen in den Chi-Bahnen des Körpers Befreiung im weitesten Sinne des Wortes stattfindet.

Das war das Stichwort für ...

DIE EIGENTLICHEN BEFREIUNGSKAPITEL

6 BEFREIUNG
VON VERSAGENSANGST

Versagensangst ist von Anfang an in Ihre Schaltkreise eingebaut. Sie wird wahrscheinlich von den Todesschreien der Milliarden Samenzellen verursacht, die es nie bis zum Ziel schaffen werden, bis endlich eine das Glück hat, am Mutterschiff (Eizelle) anzudocken. Zu versagen hat für jeden Menschen eine andere Bedeutung, aber im Allgemeinen gehört dazu, mittellos zu sein, zu hungern, zu ertrinken, zu ersticken, sich zu Tode zu frieren oder zu schwitzen, ungeliebt zu sein, nicht respektiert zu werden, isoliert oder geächtet zu sein, unattraktiv, ungebildet oder rückständig zu wirken.

Versagensangst manifestiert sich auf zweierlei Art: Entweder Sie ergreifen vor ihr die Flucht, oder Sie erbringen mehr Leistung als nötig. Meist ist es eine Kombination aus beidem – Sie sorgen sich und schuften sich den Rücken krumm, malen sich jedoch gleichzeitig die verschiedensten Fluchtmöglichkeiten aus. So kommt es dazu, dass Sie sich die ganze Woche abrackern, um dann am Freitagabend vollkommen abzuschlaffen oder sich voll zu dröhnen (und das Woche für Woche, ausgenommen zwei Wochen Sonnenurlaub ein-, zwei- oder auch dreimal im Jahr) – oder Sie vertun die Blüte Ihrer Jahre gänzlich und ackern für einen behaglichen Ruhestand. Das ist in Ordnung und ganz normal. Sie können jahrelang im Zustand unterschwelliger Besorgnis verharren und sich damit auf die eine oder andere Weise fast unmerklich selbst sabotieren, indem Sie einem leichten, chronischen Leistungszwang erliegen, von einsamen Inseln tagträumen, sich selbst antreiben wie einen Dämon, der zu viel Espresso getrunken hat, zu viel fernsehen, sich gelegentlich auf strapaziöse Abenteuerpfade in die Anden begeben oder an einem zehntägigen Vipassana-Retreat teilnehmen. Allmählich gerät Ihr Leben dabei allerdings in der einen oder anderen Richtung aus dem Gleichgewicht, sodass Sie übermäßig gestresst sind, krank oder völlig verwirrt werden und plötzlich denken: «Was bin ich doch für ein Dummkopf!»

Es ist absolut unsinnig, diese Versagensangst bekämpfen zu wollen. Das wäre so, als würden Sie Ihr eigenes Bein bekämpfen. Sie würden sich dabei nur verletzen, kostbare Energie verschwenden und am Ende wahrscheinlich noch mehr Angst vor dem Versagen haben als vorher.

Von dieser Angst können Sie sich nur befreien, wenn Sie sie zuerst einmal akzeptieren, sie mit Blick auf das Gute, das sie Ihnen auch bringt, willkommen heißen und sie in ihrer rohen Energieform schließlich wieder in Ihre Nieren aufnehmen, wo sie ursprünglich entstanden ist (wie alle Ängste) und wo sie im Nu in positive Energie umgewandelt wird, die Sie zum Erfolg führt.

Um diesen Prozess in Gang zu setzen, müssen Sie all Ihre geistigen Fähigkeiten nutzen und sich die folgenden Worte zu Herzen nehmen (sie sind nur als Beispiel gedacht, bedienen Sie sich also getrost Ihrer eigenen Ausdrucksweise!):

«Von jetzt an will ich meine Versagensangst akzeptieren, sie mit Blick auf das Gute, das sie mir bringt (wie etwa, mich morgens aus dem Bett zu scheuchen), willkommen heißen, sie energetisch

wieder in mich aufnehmen und ins Gegenteil verwandeln: in Mut und den Glauben an den Erfolg – in den Willen, erfolgreich zu sein.»

Bevor wir weitergehen, müssen wir diesen Befehl unbedingt durch die fundamentalste aller freiwilligen Handlungen in der physischen Welt der Tatsachen verankern – durch das Atmen und besonders das Ausatmen. Das Ausatmen ist der unmittelbarste Akt des Loslassens überhaupt. Das Loslassen wiederum ist entscheidend für den Mechanismus der Befreiung, denn dadurch wird die verbrauchte Luft aus der Lunge entfernt und mit ihr zugleich alle negative Energie, von der Sie erlöst werden wollen.

Beginnen Sie, indem Sie die verbrauchte Luft vollständig aus Ihrer Lunge ausstoßen, und stellen Sie sich dabei vor, dass sie alle negative Energie, die mit der Versagensangst verbunden ist, mit sich nimmt. Stellen Sie sich vor, während frische Luft in Ihre Lunge strömt, dass diese Luft das Heilmittel enthält – den Erfolgswillen. Wiederholen Sie den Atemzyklus mit dieser Begleitvorstellung bewusst mindestens neunmal, bzw. so lange, bis Sie davon wie hypnotisiert sind und er sich wie ein Ohrwurm automatisch in Ihrer Befreiungsübung und darüber hinaus fortsetzt.

Wird eine Information akzeptiert, macht sie sich ebenso wie Nahrung physisch im Bauch bemerkbar. Schauen, horchen, fühlen und denken Sie sich in Ihren Bauch hinein, Ihren Solarplexus, den Ort, an dem alle Gefühle einschließlich der Angst erfahren werden, und erfahren Sie Ihre Versagensangst als physische Empfindung. Schrecken Sie nicht davor zurück. Fühlen Sie sie einfach. Versuchen Sie nicht, sie zu überspielen oder zu verändern. Bleiben Sie einfach bei ihr und atmen Sie weiter – Angst aus, Heilmittel ein.

Sobald Sie die Angst voll im Visier haben, seien Sie nett zu ihr, danken Sie ihr für all das Gute, das sie mit sich bringt – vor allem den Erfolgswillen –, und sagen Sie: *«Versagensangst – danke schön!»* Wird sie daraufhin in ihrer großen Freude, von ihrem Gastgeber dermaßen gelobt zu werden, unvorsichtig, sagen Sie ihr:

«Es ist nicht nötig, dass du weiterhin eine so vorherrschende Rolle auf meiner inneren Bühne spielst – du darfst dich ehrenvoll hinter die Kulissen zurückziehen. Der Erfolgswille übernimmt von jetzt an deinen Part.»

Die Versagensangst wird darüber natürlich traurig sein und sich sogar ein bisschen abgeschoben fühlen. Aber Sie sind der Boss, und was Sie sagen, wird gemacht. Soll sie ruhig traurig sein – lassen Sie sie durch sich hindurchlaufen wie eine Welle, und basta.

Ängste aller Art, besonders jedoch die Angst vor dem Versagen, vor Krankheit (von vielen ebenfalls als eine Form von Versagen gesehen) und vor dem Tod (aus diesem pessimistischen Blickwinkel heraus das größte Versagen) entstehen von selbst, wenn die Nierenenergie auf einem niedrigen Stand ist. Ursache dieses Defizits können Vererbung, chronische Unruhe und Nervosität (möglicherweise ebenfalls vererbt), lang anhaltender Stress oder auch physische Kälte und Feuchtigkeit sein. Diese Phänomene können für sich allein oder gemeinsam dafür sorgen, dass sich der Bereich um die Nieren herum zusammenzieht, sodass der Blut- und Chi-Fluss gehemmt wird und ständig Angst-Chi aufwallt, wodurch sich Unbehagen und Beklemmung im Bauch bemerkbar machen – in diesem Fall Versagensangst, die wahrscheinlich durch die unbewusste Angst vor körperlichem Nierenversagen begründet ist.

Wird hingegen dafür gesorgt, dass die Verkrampfung nachlässt und sich die Blutzirkulation in den Nieren verbessert, löst sich das Angst-Chi auf und wird automatisch von seinem Gegenmittel ersetzt – dem Erfolgswillen, der immer dann aufsteigt, wenn die Nieren energetisch im richtigen Gleichgewicht und physisch entspannt sind.

Drücken Sie nun, um diese Wirkung zu erzielen, Ihre geballten Fäuste mit dem Handrücken, die Knöchel nach unten, auf die weichen Stellen in der Kreuzgegend rechts und links neben der Wirbelsäule, und reiben Sie kräftig ein paar Zentimeter nach oben und nach unten, um große Hitze in der Nierenregion zu erzeugen. Legen Sie die Hände, sobald Sie die

Hitze spüren, auf die Nieren, damit sich die Wärme ausbreiten kann. Visualisieren Sie unterdessen, wie sich der gesamte Bereich entspannt und lockert.

Atmen Sie weiterhin Angst aus und Erfolgswillen ein, aber nehmen Sie diesen Austausch jetzt rings um die Nieren herum und in den Nieren selbst wahr. Fühlen Sie also jedes Mal, wenn Sie ausatmen, wie die Versagensangst aus Ihren Nieren entweicht, während immer, wenn Sie einatmen, Erfolgswillen in sie einströmt.

Verstärken Sie diese Wirkung zum Schluss noch, indem Sie kräftig mit einem Finger genau auf die Mitte Ihres Brustbeins drücken, um Mut in Ihrem Herzen zu wecken, der sich mit dem Erfolgswillen verbindet. Erklären Sie dabei mit stolzer Bescheidenheit:

> «Von jetzt an will ich erfolgreich sein, ich will sogar so erfolgreich sein, dass ich mich zum Fressen gut finde.»

Führen Sie die gesamte Übung gewissenhaft an drei aufeinander folgenden Abenden durch, aber auch immer dann, wenn Sie die Angst wieder in sich aufsteigen spüren – und in den nächsten 50 bis 60 Jahren werden Sie nie wieder Angst haben zu versagen.

BEFREIUNG
VON SELBSTMITLEID

10

Selbstmitleid ist heimtückisch. Es beschleicht Sie hinterrücks, hält Sie, eh Sie sich's versehen, im Würgegriff und schnappt nach Ihrem Chi. Es ist auch nichts, worüber Sie ein für alle Mal triumphieren könnten. Vielmehr müssen Sie es genauso wie Unkraut im Garten immer wieder neu ausreißen.

Jedes Mal, wenn Sie ihm den Rücken zukehren, schießt es wieder hervor und packt Sie.

Sein Auftreten hat auch nicht viel mit Ihrer Umgebung oder Ihren Lebensumständen zu tun. Sie können in allerbester Stimmung und am allerschönsten Ort der Welt sein und trotzdem ebenso von Selbstmitleid befallen werden wie in der trübseligsten Stimmung und am grässlichsten Ort.

Sie merken allerdings immer, wenn es so weit ist: Zuerst fällt Ihnen auf, dass Sie irgendwie nicht recht in Stimmung sind. Dann wünschen Sie sich, woanders zu sein, meist mit jemand anderem als Ihrer jetzigen Begleitung, um dort etwas anderes machen (oder etwas verändern) zu können, und schon verspannt sich Ihr Körper durch den Widerstand gegen das, was geschieht.

Während Sie dies lesen, sind Sie vielleicht im Gefängnis, liegen im Krankenhaus, sitzen obdachlos unter (oder auf) einer Brücke, üben einen Beruf aus, den Sie hassen, oder sind in eine Beziehung verwickelt, die Sie kaum noch ertragen, und finden deshalb, Sie hätten allen Grund, sich selbst Leid zu tun. Aber gewinnen Sie irgendetwas damit? Sicher, es geht nichts über ein ordentliches Seufzen, selbst wenn niemand es hören kann, aber statt sich zu befreien, werden Sie, wenn Sie sich in Selbstmitleid suhlen, nur in Ihrer Erlebnisfähigkeit beeinträchtigt und in Ihren Möglichkeiten beschränkt.

Ich für meinen Teil fechte im Moment selbst ein paar Runden damit aus, denn ich muss mich gerade mit einem erloschenen Feuer und nassem Kleinholz herumschlagen, um die durchdringende feuchte Kälte, die unablässig von den finsteren Berghängen hinter dem Schuppen herunterweht, abzuwehren, und außerdem fehlt mir der Kontakt zur Außenwelt (Sie ausgenommen). Das Selbstmitleid überkommt mich in Wellen und wird durch solche Kleinigkeiten ausgelöst wie das Erlöschen des Feuers im Herd, was mich gute 40 Sekunden lang demoralisiert, bis ich mich zusammenreiße – ich nehme das nämlich persönlich, als würde der Herd mich nicht mögen und verhielte sich vorsätzlich so.

Selbstmitleid tarnt sich wie ein Computervirus, etwa als E-Mail mit einem Anhang, in dem mir 1000 vernünftige Gründe genannt werden, warum ich in die Stadt zurückkehren sollte, wo es Mobilfunkantennen in ausreichender Zahl, Zentralheizung und warme, trockene, frisch bezogene Betten gibt.

Aber wenn ich mich darüber hinwegsetze wie ein braver Junge, indem ich zum Beispiel zielstrebig zum Herd gehe und 20 Minuten damit zubringe, ein anständiges Feuer zu entfachen (im Grunde meines Herzens bin ich doch ein echter Stadtmensch), obwohl ich eigentlich lieber arbeiten oder draußen bei Regen- und Schneegeriesel ein Stündchen Tai-Chi machen würde, um mit meiner großartigen Umgebung Frieden zu schließen, wächst meine Selbstachtung, und dann bin ich froh, meine Fluchtpläne auf später verschieben zu können.

(Sie brauchen nicht zu befürchten, dass aus dem, was ich hier in aller Freiheit (von mir) zu Papier bringe, einer dieser Selbsthilferatgeber kalifornischen Stils werden könnte, wo der Autor aus seinem spießigen New-Age-Leben eine langweilige Geschichte nach der anderen erzählt, bis Sie das Buch wegwerfen oder mir geben möchten, damit ich es zum Feuermachen nehme. Bestimmt nicht, das verspreche ich.)

Um sich vom Selbstmitleid befreien zu können, müssen Sie als Erstes aufpassen, wann es einsetzt.

Als Nächstes dürfen Sie nicht so albern sein und sagen: «*Selbstmitleid, verpiss dich, du bist mir durch und durch lästig!*», denn dann ärgert es sich, und es ist viel schlauer und mächtiger, als Sie glauben. Seien Sie lieber charmant und erklären Sie ausweichend, die Hand auf dem Herzen: «*Es ist vollkommen in Ordnung für mich, dieses Selbstmitleid zu haben, solange es mir Freude macht.*»

Das wird zum einen Ihr Selbstmitleid teuflisch verwirren und zum andern Sie daran erinnern, wer hier das Sagen und die Entscheidungsmacht hat. Es ist ja nichts damit gewonnen, sich darüber aufzuregen, hier zu sein, selbst wenn sich alles gegen Sie zu verschwören scheint. Und es bringt auch nichts, sich woandershin zu wünschen, wenn der Weg dorthin noch gar nicht für Sie bereit ist (oder mit jemand anderem zusammen sein zu wollen, wenn man auf seinem Handy keinen Empfang hat und folglich auch niemanden anrufen und einladen kann). Je schneller Sie sich also von Ihrem Selbstmitleid befreien, umso besser für alle Beteiligten einschließlich des Selbstmitleids, dem es dann freisteht, sich irgendwohin zu begeben, wo es willkommener ist.

Selbstmitleid, dieses Gefühl, dass einem im Augenblick etwas fehlt oder ungerechterweise vorenthalten wird, stellt sich aufgrund einer Milzschwäche ein. Ihr Milz-Chi ist dafür verantwortlich, dass Sie gut versorgt werden, nicht nur mit Nahrung, sondern generell mit allem Lebensnotwendigen. Daher sind Sie, wenn Ihre Milz richtig funktioniert, rundum zufrieden, wie unbefriedigend Ihre Lebensumstände auch sein mögen, und bei schlechter Milzfunktion, selbst in einem warmen, sauberen, luxuriös eingerichteten Hotelzimmer, unzufrieden.

Um das Milz-Chi zu stimulieren, drücken Sie zunächst die Fingerspitzen der rechten Hand dicht unter dem linken Rippenbogen in Ihren Bauch. Helfen Sie mit der linken Hand nach, um noch mehr Druck auszuüben, und pressen Sie, bis Ihnen fast die Luft wegbleibt. Halten Sie den Druck aufrecht, während Sie langsam und gleichmäßig durchatmen, und entspannen Sie dabei Ihren ganzen Körper. Drücken Sie weiter, bis Sie wirklich genug davon haben; verringern Sie den Druck nun langsam und gleichmäßig und bringen Sie die Hände wieder in ihre ursprüngliche Position zurück.

Ertasten Sie als Nächstes auf der Innenseite Ihres Fußes an der Wurzel des großen Zehs den seitlich vorspringenden Ballen, der sich relativ leicht entzündet. Pressen Sie in dem Bereich ein kleines improvisiertes Massagegerät (zum Beispiel das stumpfe Ende eines Stiftes) auf die Stellen, wo weiches an festes Fleisch grenzt, bis Sie den empfindlichsten Punkt gefunden haben, auf den Sie den Druck nun ein paar Sekunden konzentrieren. Das ist der so genannte «Quellpunkt» auf dem Milzmeridian, und die tägliche Stimulation dieses Punktes wird Ihre Milz dazu anregen, Ihrer elementaren Kraftquelle, der Erde unter Ihren Füßen, mehr Energie zu entnehmen.

Stellen Sie abschließend die Füße (nackt

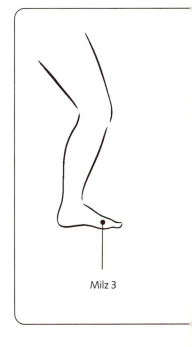

Milz 3

oder mit Schuhen) fest auf den Boden, spreizen Sie die Zehen so weit wie möglich auseinander, und visualisieren Sie dabei Tausende von Wurzeln, die aus Ihren Fußsohlen hinaus auf den Erdmittelpunkt zuwachsen, und sagen Sie mit diesem Bild vor Augen (und in den Füßen):

«*Ich bin König (Königin), egal wovon!*»

BEFREIUNG
11
VON TRÄGHEIT

Das eine Mal gleicht man einem großen runden Stein, der glatt den Berg hinabrollt, ohne anzuecken, und ein andermal einem kantigen Felsbrocken, der sich in einer Spalte verkeilt hat und keinen Zentimeter mehr von der Stelle kommt. Jeder will natürlich lieber der runde Stein sein, weil es mehr Spaß macht, aber manchmal sitzt man einfach da fest, wo man gerade ist, und kann sich zu nichts aufraffen.

Es fängt im Kopf an. Die Gedanken fließen nicht mehr rund, sondern werden rau und kantig, schwer und stumpf, und bleiben schließlich in irgendwelchen Hirnwindungen stecken. Wo die Gedanken hingehen, dahin folgt ihnen auch die Energie, und so kommt es bald zum Energiestau und damit zu einem Stillstand, so, als würde eine überfüllte U-Bahn zur Hauptverkehrszeit in einem Tunnel stecken bleiben, weil schon drei Züge vor ihr darin stehen.

Da sich alles, was lebt, bewegt und alles andere nicht, kann man getrost behaupten, dass Bewegung gut für die Gesundheit ist. Bewegung nicht nur in Raum und Zeit, sondern auch Bewegung oder Fortschritt im eigenen Wachstum, im kreativen Schaffen, in persönlichen Beziehungen, bei geschäftlichen Unternehmungen und beruflichen Höhenflügen.

Sobald Sie sich in einem Bereich nicht mehr weiterentwickeln, kommt es zur Stagnation. Das führt zur Entropie, von der alle Aspekte des Selbst betroffen sind. Wenn Sie also merken, dass Sie geraume Zeit träge sind, obwohl es vorteilhafter für Sie wäre, sich irgendeiner Aktivität zu widmen, und Ihnen (oder Ihrem Bankberater) das Sorgen macht, sollten Sie sich sofort auf das in Ihrem Innern konzentrieren, was sich bewegt, denn das, worauf Sie sich konzentrieren, wächst.

Ihr Herz pocht, und Ihr Blut zirkuliert. Ihr Zwerchfell bewegt sich beim Ein- und Ausatmen auf und ab. Ihr Magen verdaut Nahrung. Ihre Därme sortieren, sieben aus und produzieren Abfallprodukte. Ihre Nieren machen es genauso, nur mit Flüssigkeiten. Ihre Leber reinigt Ihr Blut. Ihre Drüsen sondern Sekrete ab, und sogar Ihre Augäpfel sind in Bewegung und rollen hin und her, während Sie dieses Buch lesen. Sie sind also alles andere als träge. Und kaum machen Sie sich all das bewusst, was sich in Ihrem Innern bewegt, verstärkt sich diese Bewegung, bis Sie den Wunsch haben, aufzustehen und etwas zu tun.

Aber bitte jetzt noch nicht.

Bleiben Sie, wo Sie sind, und atmen Sie langsam, gleichmäßig und fließend ein und aus. Nehmen Sie das Buch in die linke Hand und heben Sie mit vollkommen entspannten Schultern, ohne jede Mühe oder Anstrengung, langsam den leicht angewinkelten rechten Arm vor sich auf Brusthöhe, wobei die geöffnete Handfläche nach links zeigt. Entspannen Sie nun, als würden Sie die Bewegung im Wasser ausführen statt in der Luft, alle Armmuskeln und schwenken Sie den Arm höchstens neunmal langsam und sanft auf Brusthöhe von rechts nach links und links nach rechts. Nehmen Sie danach das Buch in die andere Hand und schwenken Sie jetzt genauso oft den linken Arm hin und her.

Falls Sie während dieser Bewegung ein angenehmes Gefühl von Fülle in

Ihren Handflächen gespürt haben, so war das Chi. Genießen Sie die Lockerheit von Schulter und Arm, die Sie wahrnehmen, während Sie Ihre Arme jeweils langsam wieder sinken lassen. Sagen Sie, wenn Sie nun das Buch wieder fest in beide Hände nehmen, zur Erinnerung: «*Ich verfüge über die Kraft, mich zu bewegen, wenn ich will.*»

Das in Ihnen, was sich bewegen möchte, die Impulsivität des Wilden und Ungezähmten, «lebt» angeblich in Ihrer Leber. Ihr Leber-Chi oder, anders ausgedrückt, das, was Sie dazu drängt, Ihr Leben zu leben, ist also für Ihre Motivation verantwortlich. Wird es durch Trägheit behindert, stagniert das Leber-Chi. Wenn Sie dafür sorgen, dass es wieder frei fließen kann, verfliegt die Trägheit ganz von selbst.

Betrachten Sie einmal die Oberseite Ihres nackten Fußes und achten Sie darauf, wie der Knochen Ihres großen Zehs an den langen Fußknochen anschließt und der Knochen des nächsten Zehs ebenfalls. In der Vertiefung, die die beiden Knochen an der Stelle bilden, wo sie aneinander stoßen, befindet sich der Quellpunkt des Lebermeridians. Drücken Sie ein improvisiertes Massagegerät, zum Beispiel das stumpfe runde Ende einer Stricknadel oder eine Fingerspitze, fest in diese Mulde, bis Sie einen leichten Schmerz spüren. Halten Sie den Druck noch ein paar Sekunden aufrecht und nehmen Sie sich dann den anderen Fuß vor.

Durch die Übung wird Ihre Leber dazu angeregt, Ihrer elementaren Kraftquelle, dem Holz – dem, was wächst, der Natur –, mehr Chi zu entnehmen und den richtigen Nährboden zu schaffen, auf dem Motivation wachsen kann.

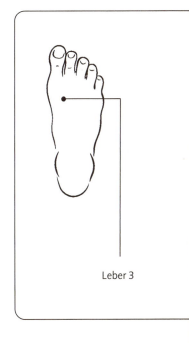

Leber 3

Auf Muskelebene, so wird behauptet (von Ausübenden des Tai-Chi und anderer Kampfkünste, die mit stark gebeugten Knien durchgeführt werden), entsteht diese Motivation in den Muskeln auf der Vorderseite der Oberschenkel, dem Quadrizeps.

Nehmen Sie also das Buch zwischen die Zähne – ach, Quatsch, legen Sie es irgendwo in greifbare Nähe –, ballen Sie die Hände zu Fäusten und klopfen Sie mit der Fläche, die Ihr eingefalteter kleiner Finger dabei mit dem äußeren Handballen bildet, etwa eine Minute lang in gleichmäßiger Linie einen Trommelwirbel auf die Oberfläche Ihrer beiden Oberschenkel von unten nach oben und umgekehrt.

Verkünden Sie, wenn Sie ausgetrommelt haben und Ihre Hände wieder das Buch halten, in Ihrer Freude darüber, dass wieder Blut und Chi in Ihren Oberschenkeln zirkulieren:

> «Jetzt bin ich so motiviert, dass ich mich selbst zum Fressen gern habe!»

BEFREIUNG

VON EINSAMKEIT

Zum Einsamsein entscheiden Sie sich selbst. Sie können tagelang allein auf einem Berggipfel sitzen, ohne sich einsam zu fühlen. Sie können sich zwar langweilen und fragen, warum Sie da eigentlich sitzen, aber Sie müssen nicht unbedingt einsam sein.

Sie können sich auch zu Hause im Kreise Ihrer Lieben einsam fühlen. Einsamkeit ist nicht das Gleiche wie Alleinsein.

Das Gefühl von Einsamkeit stellt sich ein, wenn Sie das Gefühl der Verbundenheit mit Ihrer Umwelt und den sechs Milliarden anderen Menschen verlieren, die mit Ihnen die Erde bevölkern, während Sie dieses Buch lesen.

Gefühle von Einsamkeit entstehen, wenn Sie den bewussten Kontakt zu Ihrer eigenen Seele, Ihrem Schutzengel, Ihrem Gott, Ihrem höheren, größeren Selbst verloren haben, zu jenem ungreifbaren Bewusstsein (oder wie Sie es sonst nennen wollen), das uns alle verbindet, erfüllt und beseelt – zum Tao. Das passiert, wenn nicht genügend Chi in Ihrer Brust fließt und sich daraufhin die Brustmuskulatur in dem Bestreben, Sie gegen das schmerzliche Gefühl der Isolation abzuschirmen, leicht zusammenzieht.

Was Sie brauchen, ist eine gute, feste Umarmung mit sattem Kontakt von Brust zu Brust, damit sich Ihre Brust wieder lockern und mit menschlicher Wärme füllen kann. Ich würde Sie ja selbst umarmen, aber ich bin gerade sehr beschäftigt, deshalb sollten Sie sich, wenn überhaupt, jemanden suchen, der vertrauenswürdig und herzlich ist, und ihn (oder sie) an sich drücken. Falls das nicht zu machen ist, weil Sie geographisch isoliert sind oder zwischen lauter Fremden in einer vollen U-Bahn sitzen, müssen Sie sich selbst helfen.

Nehmen Sie das Buch zwischen die Zähne – ich scherze wieder – oder legen Sie es in der Nähe ab, umarmen Sie sich fest mit verschränkten Armen und sagen Sie: «*Mir geht's gut, mir geht's gut.*» Nehmen Sie danach das Buch in die linke Hand und drücken Sie mit der flachen rechten Hand kräftig auf die Brustmitte. Lassen Sie die Hand neunmal langsam im Uhrzeigersinn kreisen, sodass sich Ihre Brustmuskeln über dem Brustbein mitbewegen. Wiederholen Sie bei jeder Kreisbewegung jeweils ein Wort des folgenden Satzes:

«*Ich ... bin ... immer ... genau ... da, ... wo ... ich ... sein ... soll.*»

Die Energie, die Sie so in Ihrer Brust aktivieren, wird als Herzbeschützer-Chi bezeichnet und zirkuliert paradoxerweise nur dann, wenn Sie entspannt sind und sich emotional nicht abschotten. Mit anderen Worten: Um wirklich energetisch geschützt zu sein und den Schmerz der Isolation nicht zu fühlen, müssen Sie verletzlich sein.

Verletzlichkeit erfordert Mut, ebenfalls eine Eigenschaft der Herzbeschützer-Energie (das aus dem Französischen stammende Wort für Mut «Courage» ist von «cœur», «Herz», abgeleitet). Der Mut zur Verletzlichkeit kann aktiviert werden durch Druck auf einen Punkt etwa 5 cm oberhalb des zarten Liniengeflechts auf der Pulsseite Ihrer Handgelenke zwischen den beiden Sehnen, die auf der Innenseite der Unterarme vom Handgelenk bis zur Armbeuge verlaufen.

Pressen Sie den Daumen etwa eine Minute lang so fest auf diese Stelle, bis es beginnt wehzutun und Ihre Hand lahm wird, und verfahren Sie sofort danach ebenso mit dem anderen Arm.

Und jetzt sagen Sie mir mal, ob Sie sich während der ganzen Prozedur auch nur einen Moment lang einsam gefühlt haben!
Visualisieren Sie nun, wie Sie durch unsichtbare Lichtbänder von Brustmitte zu Brustmitte mit allen gleich gesinnten Menschen auf diesem Planeten verbunden sind, Menschen, die Ihre Freunde sind oder sein könnten und in deren Gesellschaft Sie sich nicht einsam fühlen würden, aktuelle und potenzielle Geliebte mit eingeschlossen.
Stellen Sie sich vor, Sie würden durch alle Bänder gleichzeitig Chi aussenden, als ob Sie eine Massen-E-Mail verschicken würden, und könnten dann beobachten, wie all die gleich gesinnten Menschen auf der Erde, einer nach dem anderen, mit einem leisen «Ping» aufleuchten, und eine feine Stimme sagte: «Post für dich.» Rufen Sie jetzt, wo die Aufmerksamkeit aller auf Sie gerichtet ist:

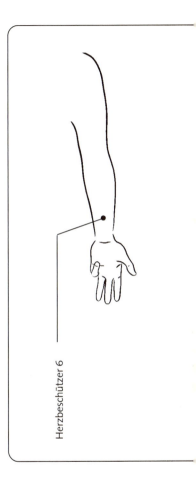

Herzbeschützer 6

«Ihr Gleichgesinnten, ich will mich in Zeit und Raum mit euch verbinden! Und zwar sofort, bevor ich verrückt werde!»

Warten Sie nun ein paar Tage (oder auch länger, falls Sie sich in solcher geographischen Abgeschiedenheit aufhalten, zum Beispiel am Nord- oder Südpol, dass Sie vernünftigerweise nicht erwarten können, irgendwelche Mitmenschen in der Nähe anzutreffen) und Sie werden merken, dass Sie allmählich wieder sinnvolle Kontakte zu freundlichen Seelen knüpfen, ohne auch nur einen Vorstoß in diese Richtung gemacht oder sich sonst wie Mühe gegeben zu haben. Ihre Einsamkeitsgefühle werden wie weggeblasen sein.

BEFREIUNG
VON ZWEIFEL

Zweifel – sich auf dem Wasser nicht sicher zu fühlen, Bedenken zu haben, wohin der Fluss einen tragen mag, oder sich selbst nicht zu trauen – sind in Ordnung, solange man seine Freude an so etwas hat. Selbstvertrauen ist allerdings entschieden vergnüglicher.
Wenn Sie an sich selbst zweifeln, mangelt es Ihnen an Nieren-Chi, und das schwächt Ihre Immunreaktionen und macht Sie für alle möglichen physischen und psychischen Störungen anfällig. Sobald Sie sich selbst vertrauen, entspannen sich Ihre Nieren, Sie müssen nicht mehr so oft auf Toilette, der Geschlechtstrieb nimmt zu, und mit Ihrem Immunsystem geht es aufwärts. Indem Sie Ihr Nieren-Chi stärken, insbesondere durch dessen Aufwärmung, zerstreuen Sie Zweifel und werden selbstsicherer.
Wir reden hier von Selbstvertrauen, vom Glauben an sich selbst. Dabei läuft eine Art innerer Dialog ab zwischen dem in Ihnen, was die Situation unter Kontrolle hat, und dem, was zweifelt.
Gehen Sie in Gedanken einmal zu dem Augenblick zurück, in dem sich das Spermium Ihres Vaters erfolgreich im mütterlichen Ei einnistete und Sie durch exponentielle Zellvermehrung allen Widrigkeiten zum Trotz in der dafür vorgesehenen Zeit heranwuchsen, um schließlich mit allen Mitteln in die Außenwelt vor-zustoßen. Danach haben Sie die Härten des Lebens, vom Saugen über das Verdauen bis hin zum Ausscheiden, das emotionale Minenfeld

am häuslichen Herd, die psychologischen Wirren von Kindergarten und Schule, den Schock des Eintritts in den Arbeitsmarkt und vieles mehr kennen gelernt und lernen noch, während Sie dieses Buch lesen.

Zollen Sie sich jetzt sofort Anerkennung, dass Sie es so weit gebracht haben, und denken Sie einmal an das kontinuierliche «Ichgefühl», mit dem Sie sich das ganze Theater anschauen, das sich unablässig vor Ihren Augen und im Umkreis Ihres schwankenden Lebensschiffes entfaltet. Und das, was beobachtet, sagt schließlich zu dem, was zweifelt, wie ein Galgenvogel zum anderen: *«Ich habe uns bis hierher gebracht, stimmt's? Jetzt vertrau mir auch, dass ich uns dahin bringe, wo wir hingehen sollen (wo immer das ist), und dass ich uns sicher dorthin bringe!»* Sie könnten auch einfach dem, was zweifelt, direkt ins Gesicht sehen und sagen: *«Verschwinde!»* Egal, ob so oder so, demokratisch oder diktatorisch, Sie müssen jetzt das Kommando übernehmen.

Beginnen Sie damit, es sich bequem zu machen und Ihre Nieren zu wärmen. Nehmen Sie das Buch zwischen die Zähne oder legen Sie es in Reichweite ab und drücken Sie sich höchstens 36-mal jeweils für einen kurzen Augenblick eine heiße Wärmflasche ins Kreuz. Legen Sie danach die Wärmflasche weg und reiben Sie denselben Bereich kräftig mit den Handrücken auf- und abwärts (etwa 7 cm in beide Richtungen), bis sich Ihre Nieren im Innersten warm anfühlen.

Stellen Sie sich nun so hin, als ständen Sie mit gespreizten Beinen auf den Schienen eines sehr schmalen Eisenbahngleises; die Füße sind etwa 30 cm auseinander, die Fußspitzen zeigen nach vorn. Lassen Sie sich nun langsam aus der Taille vornüberhängen, ohne dabei den unteren oder oberen Rücken anzustrengen, bis Sie an der Rückseite Ihrer Beine ein Ziehen spüren. Entspannen Sie sich in dieser Haltung, konzentrieren Sie

sich auf die Dehnung Ihrer Wirbelsäule, genießen Sie die Streckung Ihrer Beinsehnen und die Wärme und Durchlässigkeit Ihrer Nieren und sagen Sie: «*Ich lasse los!*»
Richten Sie sich langsam wieder auf, indem Sie bei den Hüften beginnen und mit dem Kopf aufhören, bis Sie gerade stehen, und wiederholen Sie dann wie ein Zug, der die Schienen entlangrattert:

> «*Ich glaube an mich, ich glaube an mich, ich glaube an mich,*
> *ich glaube an mich, ich glaube an mich, ich glaube an mich,*
> *ich glaube an mich, ich glaube an mich, ich glaube an mich,*
> *ich glaube an mich, ich glaube an mich, ich glaube an mich.*»

Wiederholen Sie diese Übung maximal drei Tage lang; danach müssten Sie so viel Selbstvertrauen haben, dass Sie nach Bergen (zum Versetzen) Ausschau halten.

Sollten Sie jetzt noch immer Zweifel haben, lesen Sie dieses Kapitel von vorn.

BEFREIUNG

VON BEFANGENHEIT BEI GESELLSCHAFTLICHEN ANLÄSSEN

Sie gehen zu einer Party, wo Sie nur wenige oder gar keinen kennen, und sind entsetzlich befangen. Versuchen Sie nicht, daran etwas zu ändern. Seien Sie ruhig gehemmt. Es hat durchaus etwas Gewinnendes, sofern Ihr Verhalten mit Würde, Verletzlichkeit und Authentizität einhergeht.

Befangenheit ist bei näherer Betrachtung nichts anderes als die irrationale Angst, von Leuten, die man nicht einmal kennt, abgelehnt oder gedemütigt zu werden.

Angst steigt normalerweise bei kalten und schwachen Nieren auf. Zu Befangenheit kommt es vor allem dann, wenn das Leber-Chi überhitzt ist, das (Leber-)Blut, das für die Stärke und Ausstrahlung der Persönlichkeit verantwortlich ist, verdampft und das Nieren-Chi zu sehr abkühlt, zum Beispiel durch eine Erkrankung oder einen stressigen Lebensstil, ein kaltes, feuchtes Klima, das prämenstruelle Syndrom (PMS), chronische, unterschwellige Angst und Unruhe, den Missbrauch von «Partydrogen», Kaffee oder Alkohol oder durch eine Kombination aller oben genannten Faktoren (mit Ausnahme von PMS, falls Sie männlich sind).

Der Grund dafür ist der, dass die Nieren, die dem Element Wasser entsprechen, für die Kühlung der Leber (Holz) zuständig sind, damit die sich nicht am Feuer des Herzens entzünden kann und das

Blut verdampft, das sie speichert und reinigt. (Denken Sie daran, dass es sich hier um asiatische Gedanken zur Medizin handelt, nicht um westliche, und dass die energetischen Funktionen infolgedessen höchst poetisch dargestellt werden.)

Die sicherste Art, die Leber abzukühlen, ist die, mindestens fünf Tassen starken Tee aus getrockneten Chrysanthemenblüten zu trinken (vom chinesischen Kräuterladen oder Supermarkt, besser lose Blüten als Instantbeutel, die Unmengen von Zucker enthalten). Die schnellste Möglichkeit, den Blutspiegel der Leber anzuheben, ist der Verzehr einer Knolle Rote Bete täglich vor dem Mittagessen, besonders an den Tagen, an denen Sie später noch gesellschaftlichen Verpflichtungen nachkommen müssen.

Um Ihr Nieren-Chi anzuheizen, sollten Sie täglich am späten Nachmittag ein kleines Stück rohe Ingwerwurzel essen oder eine Tasse starken Ingwertee trinken, speziell bei winterlicher Kälte.

Pressen Sie dreimal am Tag die Daumen auf einen Punkt unmittelbar über den Fußgelenken, zwischen Fußknöchel und Achillessehne, bis Sie einen stechenden Schmerz spüren. Dadurch wird der Quellpunkt auf dem Nierenmeridian stimuliert, und die Nieren werden dazu angeregt, ihrem Element Wasser bzw. feuchter Luft mehr Chi zu entziehen. Üben Sie den Druck etwa eine Minute lang aus. Lassen Sie dann los und reiben Sie mit den Handrücken

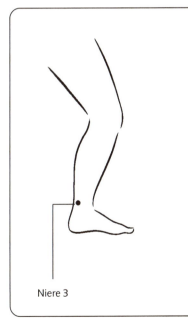

Niere 3

ein bis zwei Minuten lang jeweils 5 bis 10 cm auf- und abwärts rechts und links der Wirbelsäule kräftig über Ihr Kreuz.

Durch tägliches Üben wird Ihr Selbstvertrauen zunehmen und Ihre Befangenheit innerhalb weniger Wochen von selbst verfliegen. Diese Wirkung kann durch eine Kombination von Affirmation, Visualisierung und sozialem Verhalten noch verstärkt und verfeinert werden.

Während Sie also an Ihrer Roten Bete herumknabbern, können Sie sich Folgendes suggerieren:

«Ich bin entschlossen, mich selbst von jetzt an in Gesellschaft anderer und besonders unter Leuten, denen ich vorher noch nie begegnet bin, höchst unterhaltsam und sehr umgänglich zu finden.»

Oder einfach:

«Ich bin ein sehr angenehmer Gesprächspartner für andere und besonders für Leute, denen ich vorher noch nie begegnet bin.»

Während Sie Ihren Chrysanthementee schlürfen, werden Sie sich vielleicht als jemanden visualisieren wollen, in dessen Brust sich ein starker Magnet befindet, von dem alle Leute magisch angezogen werden, und das ohne jeden Energieaufwand. Visualisieren Sie sich selbst bei einem gesellschaftlichen Anlass inmitten von anderen Gästen, die jetzt Ihre Nähe suchen, unbedingt mit Ihnen reden wollen, und die sogar Ihren Rocksaum küssen würden, wenn sich ihnen die Gelegenheit dazu böte. Mit anderen Worten: Malen Sie sich aus, wie Sie locker und ohne zu stocken selbstbewusst mit interessanten Fremden plaudern, und Sie werden sehen, dass es sich mit der Zeit ganz von selbst so ergibt. (Denn so, wie Sie es sehen, wird es auch sein.)

Probieren Sie bei Partys und geselligen Plauderrunden aller Art einmal diese praktische und wirksame Strategie in vier Teilen aus:

Blicken Sie beim Eintreffen am Ort des Geschehens jedem, an dem Sie vorbeigehen oder dem Sie vorgestellt werden, in die Augen und lächeln Sie herzlich, wenn es passend ist. Stehen Sie einsam und verlassen irgendwo herum und wissen nicht, wohin Sie schauen sollen, überfliegen Sie die Veranstaltung am besten kurz und suchen sich einen bequemen Sitzplatz aus, vorzugsweise mitten im Zentrum des Geschehens. Nach einiger Zeit werden die Leute die Nase voll haben vom Herumstehen und Tanzen, und dann werden sich besonders die, zu denen Sie einen Blickkontakt herstellen konnten, zu Ihnen hingezogen fühlen, sei es auch nur, um Ihren Sitzplatz zu ergattern, wenn Sie mal verschwinden müssen. Die Leute reagieren damit unbewusst auf die einladenden Schwingungen in Ihrem Energiefeld, das Sie durch regelmäßiges Visualisieren des Magneten in Ihrer Brust aufgebaut haben.

Sobald jemand in Ihren Bannkreis gezogen worden ist, werden Sie wahrscheinlich ein Gespräch mit ihm oder ihr anfangen und in Gang halten müssen. Falls Ihnen nichts einfällt, sollten Sie lieber weiter Blickkontakt mit Ihrem Gegenüber halten, statt sich auf dummes Blabla einzulassen, und einfache Fragen grundlegender Art stellen, etwa nach Sternzeichen und Geburtsort, wie seine (oder ihre) Eltern waren, womit er sein Geld verdient, welche Lebensziele er verfolgt (wenn überhaupt), wie alt er ist und was ihn auf dieser Welt am meisten fasziniert. Versuchen Sie, während Ihrer Unterhaltung irgendwelche positiven Eigenschaften an Ihrem Gesprächspartner zu entdecken, und nehmen Sie bei passender Gelegenheit darauf Bezug. Sie können diese Sache natürlich nur durchziehen, wenn Sie zu dem Zeitpunkt wirklich aufrichtiges Interesse an der betreffenden Person haben, sonst gerät Ihr Gespräch zum Akt der Verzweiflung und klingt falsch. In den meisten Fällen interessieren sich Leute für einen, wenn man selbst Interesse an ihnen zeigt.

Sie können sicher sein, dass viele Leute bei Geselligkeiten befangen sind, vor allem dann, wenn sie niemanden dort kennen; deshalb wird auf Partys so viel Alkohol (und Kokain) konsumiert – sozusagen als soziales Schmiermittel. Sie sind kein Aussätziger, nur weil Sie schüchtern sind. Die anderen haben ebenso viel Angst vor Ihnen wie umgekehrt, mögen sie auch noch so cool, selbstbewusst und gebildet wirken. Diese Erkenntnis wird Ihnen helfen, hinter die Masken zu schauen und Mitgefühl für das allzu Menschliche aufzubringen, das dahinter zum Vorschein kommt, auch bei Ihnen selbst.

Und jetzt ein kleiner Vers. Sprechen Sie mir nach:

«Ich kann getrost befangen sein
und bleibe trotzdem nicht allein.»

BEFREIUNG

VON UNSCHLÜSSIGKEIT

Seltsamerweise bin ich unschlüssig, wie ich dieses Thema angehen soll. Wenn ich es bloß vorher lesen könnte, dann wüsste ich, wo es langgeht. Aber da fällt mir auf, dass es sich unabhängig von meinen Überlegungen schon ganz von allein entfaltet, sodass ich nur noch zu folgen brauche und mich überraschen lassen kann, was geschieht.

Was letztlich genau die Art und Weise darstellt, wie Sie sich von Unschlüssigkeit befreien können.

Aus der Rückschau könnten Sie sagen, es sei so vorherbestimmt, aber kein Lebender hat je mit Sicherheit behaupten können, dass es wirklich so etwas wie eine Vorsehung gibt, außer wenn er rückwärts schaut. Und ob überhaupt ein freier Wille existiert, weiß auch niemand. Die größten Philosophen haben Jahre darauf verwendet (oder verschwendet, je nach Betrachtungsweise), über diese Frage nachzusinnen, ohne zu eindeutigen Schlüssen zu kommen.

Man könnte vielleicht sagen, dass das Tao, dieser erhabene Lauf der Welt, einfach die Angewohnheit hat, die Dinge so geschehen zu lassen, wie sie in der Kette von Ursache und Wirkung von einer unendlich fernen Vergangenheit her nun einmal angelegt worden sind.

Das würde Ihnen allerdings auch nicht weiterhelfen.

Nach dem Prinzip des Schattenboxens, des Tai-Chi, geben Sie, wenn ein Gegner Ihnen rechts einen Schlag versetzen will, lieber nach und drehen sich mit dem Körper aus der Taille nach rechts weg, statt Widerstand zu leisten und den Schlag abzuschmettern. Da in diesem Fall rechts nichts mehr ist, geht der Schlag Ihres Gegners ins Leere, und seine Kraft verpufft. Gleichzeitig bewirkt Ihre Drehung aus der Taille heraus, dass Ihr linker Arm ganz von selbst herumwirbelt und Ihren Gegner rechtsseitig mit ebenso viel Kraft trifft, wie ursprünglich Ihnen zugedacht war. Indem Sie sich erden, in Ihrer Mitte ruhen und den Gegner ins Leere laufen lassen, lenken Sie seine Kraft auf ihn zurück, sodass der Schlag ihn selber trifft.

Das erfordert allerdings viel Mut. Wenn Sie eine Nanosekunde zu früh nachgeben, bemerkt es Ihr Gegner und erwischt Sie doch noch mit seinem Boxhieb. Sie müssen also bis zum allerletzten Augenblick abwarten, denn der zum Schlag ausholende Arm muss bereits im Schwung sein, ehe Sie mit Ihrer Körperdrehung darauf reagieren.

Es ist so ähnlich, als wären Sie das Ziel eines wärmegesteuerten Geschosses (ich selber war das allerdings auch noch nie). Sie müssten bis zum allerletzten Moment stehen bleiben, um dann (extrem) schnell zur Seite zu springen, sodass das Geschoss in die Wand hinter Ihnen einschlüge und dort explodierte. Wenn Sie sich zu früh bewegten, würde Ihnen das Geschoss einfach folgen und Sie erwischen. In keiner Weise angenehm, dieses Bild, aber es veranschaulicht den springenden Punkt. Das heißt, wenn Sie leer sind und den Ereignissen genügend Zeit lassen, in Gang zu kommen und sich auf Sie zuzubewegen, gibt es im Grunde nichts zu entscheiden; Sie nutzen einfach die sich nähernde Kraft aus und lassen sich davon auf Ihrem Weg vorantreiben.

Alles, was Sie wissen müssen, offenbart sich Ihnen in genau dem Moment, in dem Sie es wirklich brauchen, und keine Sekunde früher (oder später). Unschlüssigkeit tritt nur dann auf, wenn Sie nicht den Mut haben, abzuwarten, bis der Lauf der Ereignisse so in Schwung gekommen ist, dass Sie ihn für sich nutzen können, und sie sich stattdessen in dem fruchtlosen, kräftezehrenden Bemühen aufreiben, ihm zuvorzukommen.

Sie brauchen aber nicht nur Mut, um in dieser Weise auf das Leben zu reagieren, sondern sollten darüber hinaus einen Blick für kleinste Veränderungen entwickeln und stets bereit sein, unverzüglich zu handeln. Außerdem müssen Sie in Ihrer Mitte ruhen und so gut geerdet und im Gleichgewicht sein, dass Sie der herannahenden Kraft der Ereignisse begegnen können, ohne umgeworfen und überrollt zu werden.

Es ist ein Tanz. Aber im Liegen können Sie ihn nicht tanzen (außer wenn Sie ruhen oder schlafen, sich massieren oder sonst wie behandeln lassen, sich den verschiedensten sexuellen Aktivitäten hingeben oder irgendwelche Yoga-Verrenkungen durchführen) – in der Regel müssen Sie aber schon auf den Füßen bleiben.

Statt also in Ihrer Unschlüssigkeit verrückt zu werden, weil Sie nicht wissen, was Sie tun sollen, halten Sie lieber inne, konzentrieren sich auf Ihren Bauch, besonders auf den Bereich, wo sich Ihr Dünndarm befindet, und warten ab.

Ebenso wie Ihr Dünndarm das für Sie aus der Nahrung herausfiltert und absorbiert, was Ihnen gut tut, und das aussortiert, was als überflüssiger Ballast ausgeschieden werden muss, «entscheidet» er auch, was Sie generell im Leben tun oder lassen sollten und was gut für Sie ist oder nicht. («Generell im Leben» gefällt mir! Drei Worte, die so viel und zugleich so wenig aussagen. Aber ich schweife ab. Obwohl eigentlich nichts dagegen einzuwenden ist, ein wenig zu plaudern, während man darauf wartet, dass der Dünndarm einem sagt, wo's langgeht.)

Anders ausgedrückt: Sie werden genau wissen, was als Nächstes zu tun ist, weil Sie es buchstäblich im Bauch fühlen.

Um diese Funktion allmählich zu entwickeln, damit Sie auf alle eingehenden Informationen angemessen reagieren und immer die beste Entscheidung treffen können, nehmen Sie jetzt das Buch in die linke Hand und pressen die Fingerspitzen Ihrer rechten Hand sanft, aber doch mit einigem Druck, etwa 3 cm oberhalb des Nabels in die Bauchmitte. Achten Sie darauf, dass Sie dabei nicht den Atem anhalten, und üben Sie maximal etwa 50 Sekunden lang einen Druck aus, der angenehm und zugleich stimulierend ist. Lösen Sie den Druck dann langsam mit folgender Affirmation auf:

> «Ich bin wachsam, ich nehme auch geringste Veränderungen in den äußeren Bedingungen wahr und bin bereit, unverzüglich darauf zu reagieren. Alles, was ich wissen muss, wird sich mir offenbaren.»

Alles, was Sie wissen müssen, wird sich Ihnen offenbaren. Bis dahin dürfen Sie sich entspannen, ruhig bleiben, dem Leben seinen Lauf lassen und Ihren Spaß daran haben.

BEFREIUNG

VON SCHULDGEFÜHLEN

Ich bezweifle, dass es – zumindest auf diesem Planeten – auch nur einen einzigen Menschen gibt, der keine Schuldgefühle hat, weil er irgendwann einmal dem eigenen Wohl oder dem Wohl anderer, ob Mensch oder sonst einem Lebewesen, zuwidergehandelt hat. Machen Sie sich einmal das bewusst, womit Sie in Ihrem bisherigen Leben sich selbst oder anderen geschadet haben.
Das sind also die Missetaten, für die Sie verantwortlich sind.
Nehmen Sie die Schuld an, sagen Sie: «Ich bin daran schuld», und lassen Sie sie los. Lassen Sie los, denn Sie sind nicht verpflichtet, darunter zu leiden. Zu dem betreffenden Zeitpunkt ist genug Leid verursacht worden, und dem brauchen Sie nicht noch mehr hinzuzufügen. Die Person, die Sie verletzt haben mögen – vielleicht waren Sie es selbst –, hat im Grunde nichts davon, wenn Sie leiden. Dies ist keine ideale Welt, wie sehr wir uns auch bemühen, sie dazu zu machen. Alle Geschöpfe fügen sich gegenseitig Schaden zu – das ist der Lauf der Natur. Manchmal sind Sie der Täter und manchmal das Opfer.
Das heißt nun nicht, dass Sie das Leid, das Sie möglicherweise verursacht haben, schlicht als bedeutungslos abtun könnten. Weit gefehlt. Sie sollten diese Tatsache einfach als bloße Tatsache im Bewusstsein behalten, ohne sie mit einem Etikett zu versehen, auf dem Sie festschreiben, dass Sie darunter leiden müssen. Sa-

gen Sie einfach: «Ja, ich bin schuld daran», und belassen Sie es dabei.

Schließlich lernen Sie nicht, ein freundlicher Mensch zu sein, wenn Sie sich selbst unfreundlich behandeln (und den ganzen Tag schuldbewusst herumlaufen). Zu einem freundlichen Menschen erziehen Sie sich einfach dadurch, dass Sie bewusst freundlich sind – sich selbst und anderen gegenüber. Und das unabhängig davon, wie grausam oder gemein Sie früher einmal gewesen sein mögen.

Wenn Sie sich selbst Mitgefühl entgegenbringen und sich sowohl über Ihre verdienstvollen als auch über Ihre unrühmlichen Taten im Klaren sind, ohne darüber zu urteilen, wird Ihnen die Bedeutung dessen, was Sie Augenblick für Augenblick tun, viel bewusster werden. Gleichzeitig wird die Wahrscheinlichkeit immer geringer, dass Sie sich selbst oder anderen jemals wieder vorsätzlich Schaden zufügen.

Man spricht von «drückender Schuld», aber Schuld drückt gar nicht schwer. Schuld ist einfach nur Schuld – ein Eingeständnis der Eigenverantwortlichkeit, wenn Sie so wollen. Was schwer auf Ihnen lastet, sind die Scham und die Selbstzerfleischung, zu denen Sie sich aus Schuldbewusstsein selbst verurteilen. Diese Empfindungen quetschen Ihnen buchstäblich das Chi ab und schwächen Sie so sehr, dass Sie kaum noch in der Lage sind, sich auf sinnvolle Weise für die Welt zu engagieren.

Vermutlich sind Schuldgefühle lediglich eine andere Form von Angst vor göttlicher Strafe oder vor einer Bestrafung durch die geschädigte Person, und dieser Bestrafung wird durch Scham und Selbstvorwürfe vorgegriffen. Das Unterbewusstsein sieht in der Selbstverurteilung eine Möglichkeit zur Wiedergutmachung, um der Bestrafung von außen zu entgehen. Was vollkommen absurd ist.

Nichtsdestotrotz steigen Schuldgefühle in Ihnen auf, wenn Ihr

Milz-Chi schwach ist. Andererseits wird Ihr Milz-Chi durch Schuldgefühle noch mehr geschwächt. Das Milz-Chi ist dafür verantwortlich, dass Ihr System Nahrung aufnimmt und verarbeitet. Dazu gehört Geistesnahrung ebenso wie Leibesnahrung. Wenn nicht genügend Milz-Chi da ist, fällt es Ihnen nicht nur schwer, eine Mahlzeit zu verdauen, sondern auch, Ihr eigenes Verhalten – Sie werden sich nur schwer akzeptieren können.

Unterdessen weckt Ihre Leber, die vor lauter verschlucktem Ärger zu heiß geworden ist, den Drang zur Selbstzerfleischung in Ihnen. Milz und Leber unterhalten eine Art energetische Schaukelbeziehung miteinander. Im Allgemeinen ist die Leber die Gefräßigere von beiden, während die Milz sich lieber zurückhält. Wenn also Ihre Milz-Energie abnimmt, in diesem Fall durch Schuldgefühle, ist Ihre Milz der gierigen Leber ausgeliefert, die ihr noch das letzte bisschen Kraft raubt. Die Leber wird aber jetzt durch das Übermaß an Chi, das sie sich einverleibt hat, zu heiß, was sich dadurch bemerkbar macht, dass Sie innerlich auf sich selber wütend werden und sich schließlich selbst geißeln. Mangelt es jemandem in dieser Verfassung, einem Psychopathen beispielsweise, an Bewusstheit, wird die Wut stattdessen nach außen projiziert (weshalb Gewalttäter oder Kriegsverbrecher meist Wiederholungstäter sind).

Um sich von Schuldgefühlen zu befreien und einen lebenslangen Wiedergutmachungsprozess in Gang zu setzen, der darin besteht, sich von jetzt an sich selbst und anderen gegenüber freundlich zu verhalten, führen Sie die folgende Übung durch:

Legen Sie das Buch vor sich ab, pressen Sie die linke Handfläche direkt unterhalb des linken Rippenbogens auf den Bauch und die rechte Hand dicht daneben. Streichen Sie nun höchstens 180-mal abwechselnd erst mit der rechten, dann mit der linken Hand so weit nach rechts über den Oberbauch, wie Sie kommen. Lassen Sie danach die rechte Hand direkt unterhalb des rechten Rippenbogens gegenüber der Ausgangsposition ruhen und die linke dicht daneben, sodass die Hitze in Ihre Leber eindringen kann. Damit wird die Leber ausgetrickst, denn sie bekommt das, was sie will – das Chi Ihrer Milz –, kampflos und wiegt sich daraufhin in falscher Sicherheit.

Wiederholen Sie die Übung nach einiger Zeit von da aus, wo Ihre Hände jetzt ruhen, in umgekehrter Richtung von rechts nach links, wobei Sie unbedingt die gleiche Anzahl von Streichbewegungen ausführen sollten wie vorher, maximal aber 180. Lassen Sie Ihre Hände danach in der ursprünglichen Ausgangsposition ruhen und die Hitze in die Milz eindringen.

Diese Übung stärkt bei regelmäßiger Ausführung nicht nur die Selbstachtung, sondern kräftigt auch das Verdauungssystem (sie beugt Blähungen, Völlegefühl, Verdauungsstörungen und Darmreizungen vor), steigert die Immunabwehr, stimuliert das Zwerchfell und damit die Lunge und bringt die Oberarme ein bisschen in Bewegung.

Stellen Sie sich jetzt vor, Sie hätten ein Loch oder eine Atemöffnung im Solarplexus (in der Mitte Ihres Oberbauches), und atmen Sie durch diese Öffnung ein und aus. Visualisieren Sie dabei, wie die ausgeatmete Luft alle noch vorhandenen Neigungen zu Schuldgefühlen und Selbstbestrafung mit sich fortträgt und wie die eingeatmete Luft den betreffenden Bereich vollständig mit Selbstakzeptanz überflutet.

Halten Sie nach maximal neun Atemzyklen inne, heben Sie Ihr Gesicht zum Himmel empor und rufen Sie:

«*Ich bin erlöst!*»

Nehmen Sie diese Übung in Ihren Tagesablauf auf und greifen Sie immer, wenn Sie einmal besonders stark unter einem Anfall von Schuldgefühlen leiden, zum Bach-Blütenmittel «Kiefer».

Über kurz oder lang werden Sie so schuldlos sein, dass Sie sich beim Papst um Heiligsprechung bewerben können.

BEFREIUNG
VON ZYNISMUS

Obwohl Zynismus in kleinen Dosen durchaus nützlich sein kann, weil er Ihrem Repertoire an Ausdrucksformen eine leichte Schärfe verleiht (ohne ihn würden die meisten von uns unausstehliche Langweiler mit großen Kuhaugen sein), ist er doch, wie Kokain, eine gefährliche Droge. Er nimmt zwar möglicherweise nur einen geringen Einfluss auf Ihre Persönlichkeit, kann jedoch ziemlich gravierende Auswirkungen auf Ihre Seele und letztlich auf Ihren Allgemeinzustand haben. Zyniker sind meist enttäuschte Idealisten, und hinter ihrem Zynismus verbirgt sich häufig eine extrem sensible Seele.

Zynismus ist ein Abwehrmechanismus, mit dem Sie sich gegen (erneute) Verletzungen in einer Welt voller Menschen und Ereignisse schützen, die Ihren (im Grunde unrealistischen) Erwartungen nicht entsprechen. Sie greifen darauf zurück, um einerseits Ihre Angst vor weiteren Verletzungen zu überspielen, und andererseits, um Ihrem unterdrückten Ärger über die ursprüngliche Enttäuschung ein bisschen Luft zu machen.

Ebenso wie Kokain hat Zynismus eine schädliche Wirkung auf die Energiezirkulation in Ihrer Brust, das so genannte Herzbeschützer-Chi, weil er dessen Fluss behindert und eine Verhärtung der Brustmuskulatur und des damit verbundenen Gewebes verursacht, um so den Schmerz zu betäuben. Durch die Abschnürung des Chis in Ihrer Brust schränken Sie jedoch Ihre Fähigkeit ein, sich richtig für etwas begeistern zu können.

Womöglich ist es an der Zeit, dem Leben zu vergeben. Vergeben Sie Ihrer Mutter, Ihrem Vater, Ihren Geschwistern, Ihrer Kinderfrau, Ihren Großeltern, Ihren Lehrern, Ihren Idolen, Ihren Freunden, Ihren Partnern, Ihren Kollegen und dem Mann oder der Frau auf der Straße. Vergeben Sie der Sonne, dem Mond, den Sternen, der Erde, der Natur und dem unendlichen Raum. Vergeben Sie den Pfarrern, den Stückeschreibern, den Politikern, den Gangstern und den Huren. Vergeben Sie denen, die jeden Satz zwei Halbtöne höher beenden. Vergeben Sie dem Wetter. Vergeben Sie dem Schicksal. Vergeben Sie Ihrem Gott. Vergeben Sie auch den Leuten, die zu marineblauen Hosen braune Schuhe tragen, aber vergeben Sie vor allem sich selbst – dass Sie all diese Jahre ein so zynischer alter Knochen waren. Es wird Zeit, weiterzugehen.

Damit meine ich nicht, dass Sie in einen Zustand falscher Naivität und unrealistischer Erwartungen zurückfallen sollen, sondern dass Sie die dem Leben innewohnende Bosheit, Brutalität und Grausamkeit zur Kenntnis nehmen und akzeptieren. Und dennoch in froher Erwartung der ihm ebenfalls eigenen Pracht, Eleganz und Güte weiterschreiten, denn das, worauf Sie sich konzentrieren, wird zunehmen.

Vielleicht sind Sie früher einmal verletzt worden – es wäre ein Wunder, wenn nicht –, aber verschwenden Sie keine Energie an den vergeblichen Versuch, sich zukünftige Schmerzen zu ersparen. Natürlich werden Sie wieder Schmerzen leiden (warum auch nicht?), aber Schmerz tut nur so lange weh, wie Sie ihm Widerstand leisten. Sobald Sie ihn annehmen, ihn bewusst erfahren und ihn als Dünger für Ihr persönliches Wachstum betrachten, hört er auf wehzutun – er ist nur noch eine Empfindung, die schließlich verschwindet.

Beginnen Sie jetzt gleich damit, sich vom Zynismus zu befreien, indem Sie mit der Fläche, die Ihr kleiner Finger mit dem Außenballen Ihrer zur Faust geballten Hände formt, Tarzan-like maximal 90 Sekunden lang in regelmäßiger Abfolge leicht auf die Mitte Ihres Brustbeins trommeln, während Sie gleichzeitig in einer so tiefen Tonlage und so volltönend, wie es Ihnen in diesem Zeitraum möglich ist, ein «*Haaaaaaaaah!*» von sich geben. Werden Sie zum Ende des Trommelwirbels hin allmählich langsamer, bis Ihre Fäuste ganz von selbst zur Ruhe kommen.

Dadurch brechen Sie Ihre Panzerung auf und bringen Ihr Herzbeschützer-Chi wieder in Fluss, was sich als leichtes Kribbeln in der Brust bemerkbar macht, wenn Sie mit dem Getrommel und «*Haaaaaaaaah!*»-Singen aufhören und wieder Stille einkehrt:

Holen Sie nun mit ausgebreiteten Armen (durch die Streckung öffnen sich die Meridiane des Herzens und des Herzbeschützers in den Armen) möglichst tief Luft und sagen Sie:

> «*Ich vergebe meiner Mutter, meinem Vater, meinen Geschwistern [falls vorhanden], meiner Kinderfrau [oder anderen Betreuern], meinen Großeltern, Lehrern, Idolen, Freunden, Partnern, Kollegen und dem Mann oder der Frau auf der Straße.*
>
> *Ich vergebe der Sonne, dem Mond, den Sternen, der Erde, der Natur und dem unendlichen Raum. Ich vergebe den Pfarrern, den Stückeschreibern, den Politikern, den Gangstern und den Huren.*
>
> *Ich vergebe denen, die jeden Satz zwei Halbtöne höher beenden.*
>
> *Ich vergebe dem Wetter, dem Schicksal und meinem Gott.*
>
> *Ich vergebe sogar Leuten, die zu marineblauen Hosen braune Schuhe tragen, aber vor allem vergebe ich mir selbst, dass ich all diese Jahre ein so zynischer alter Knochen war. Es ist Zeit, weiterzugehen.*»

Lassen Sie danach Ihre Arme wieder sinken und leben Sie so weiter wie bisher. Innerhalb weniger Tage sollten Sie die Früchte dieser Übung ernten können.

So – ich hoffe, das hat Ihre New-Age-Schmerzgrenze nicht überschritten. Falls doch, müssen Sie mit der Übung wohl noch einmal von vorne anfangen.

BEFREIUNG

VOM SCHMERZ DURCH NEID UND EIFERSUCHT

Ich erinnere mich noch, wie ich einmal gerade einen Riesenauftritt hinter mir hatte – jede Menge Lärm, jede Menge Leute, jede Menge Beifall, der in der Ferne verhallte, während ich zur Garderobe ging – und ein alter Freund, jemand, der nach meiner Einschätzung ein ganz anderes Format und viel mehr Geld und materiellen Erfolg hatte als ich, hereinkam, mich umarmte (wobei ihn der auftrittsbedingte Schweißfaktor meinerseits etwas auf Abstand hielt) und, ohne rot zu werden, sagte: «Wow, ich beneide dich!»

Und da er das vollkommen locker dahersagte, war es auch für mich vollkommen in Ordnung. Jemanden zu beneiden ist nichts, dessen man sich schämen müsste. Es gehört einfach zum natürlichen Spektrum menschlicher Gefühle. Schämen muss man sich erst, wenn dieser Neid zu destruktivem Handeln führt – sei es gegen einen selbst gerichtet oder gegen andere.

Im Grunde ist es ganz einfach. Sie bemerken den Neid. Sie achten darauf, wie er sich in Ihrem Körper anfühlt. Sie atmen. Und akzeptieren ihn. Oder Sie lassen zu, dass er Sie überfällt, Sie gefangen nimmt und dazu treibt, sich destruktiv zu verhalten. Die eine Möglichkeit erleichtert Ihnen das Leben, die andere erschwert es. Wozu Sie sich entscheiden, liegt bei Ihnen selbst.

Was andere Leute tun – ob sie in relativem Wohlstand leben, ohne

mit Ihnen zu teilen, oder Ihnen gar hinter Ihrem Rücken Ihre Geliebte oder Ihren Geliebten ausspannen, ohne Sie um Erlaubnis zu fragen –, ist deren Sache, nicht Ihre. (Vertrauensbruch wie im letztgenannten Fall, der eine ganze Kette von Aktion und Reaktion, Ursache und Wirkung in Gang setzt, ist ein ganz anderes Thema, das gesondert behandelt werden sollte.)
Ich weiß noch, wie ich mich (ich war Mitte 30) wahnsinnig in eine unglaublich schöne Französin verliebt habe. Eines Abends ging sie plötzlich zu dem Typen zurück, mit dem sie eine destruktive, angstbesetzte Beziehung geführt hatte, bis ich erschienen war, um sie daraus zu «retten» (so sah ich es damals zumindest). Als sie bis Mitternacht noch immer nicht angerufen hatte, kam ich zu dem Schluss, dass sie wohl mit ihm ins Bett gegangen war, aber meine in Ansätzen noch vorhandene geistige Klarheit sorgte dafür, dass ich trotzdem gut einschlief. Um vier Uhr früh, und ich weiß, dass es genau vier Uhr war, weil ich aus irgendeinem Grund auf die Uhr geschaut hatte, wachte ich auf und saß mit einem Gefühl, als wäre mir gerade ein Schwert in den Leib gebohrt worden, senkrecht im Bett. Eine gute Stunde lang saß ich schweißgebadet und stöhnend da, und mein Schmerz mobilisierte, wie immer in solchen Zeiten, meine parapsychischen Fähigkeiten, sodass ich zu allem Überfluss auch noch deutlich vor Augen hatte, wie sie sich mit ihm liebte und ihr intimstes Wesen, das sie eigentlich mir versprochen hatte, mit ihm teilte (statt mit mir, mir, mir).
Obendrein kam ich als absoluter Theaterfan nicht umhin, mich selbst als Teilnehmer des ganzen Dramas zu sehen, und ich fand es allmählich sogar amüsant. Als mein gekränkter Stolz verflog, war ich sogar ein bisschen angetörnt.
Immerhin: Dieses Mädchen in einem Erotikfilm zu sehen (nicht, dass sie jemals in einem aufgetreten wäre) würde die meisten Leute antörnen. Was mir hier Probleme bereitete, war nur mein auf der Wahnvorstellung beruhender Stolz, mich in Konkurrenz zu

lauter anderen Männern und speziell ihrem Ex-Geliebten zu befinden (der wiederum von der irrtümlichen Überzeugung herrührte, es stände nur ein begrenzter Vorrat an Liebe für alle zur Verfügung).

Als sie mich schließlich um acht Uhr morgens vom Auto aus anrief (und ich weiß, dass es genau acht Uhr war, weil ich aus irgendeinem Grund auf die Uhr geschaut hatte), war ich weitgehend wiederhergestellt; emotional zwar noch etwas angeschlagen, aber eindeutig um eine Einsicht reicher. «Ich habe mit ihm geschlafen, und dabei habe ich gemerkt, dass ich eigentlich nur *dich* will», gestand sie mir sofort, und das genügte mir. «Gut!», erwiderte ich (Saukerl, der ich bin), erzählte ihr von dem Gefühl, von einem Schwert durchbohrt zu werden, gestand ihr, ohne dass es mir peinlich gewesen wäre oder mir die Schamesröte ins Gesicht getrieben hätte, dass ich beinahe vor Eifersucht geplatzt wäre, und hatte in der darauf folgenden Nacht mit ihr den besten Sex seit Anbeginn unserer Affäre. (Danach verschwand sie und machte ein paar Wochen später per Telefonanruf aus dem Fernen Osten wegen ihres Ex-Typen mit mir Schluss, um kurz darauf jemand ganz anderen zu heiraten – wie das Leben so spielt.)

Jeder hier, auch Sie und das Objekt Ihrer Eifersucht oder Ihres Neides, tut seinem gegenwärtigen persönlichen Entwicklungszustand entsprechend sein Bestes. Auch wenn dieser Prozess vielleicht direkte oder indirekte Auswirkungen auf Sie hat, indem er Ihre Eifersucht erregt, wäre es doch verkehrt, das, was andere tun, persönlich zu nehmen oder ihnen ihr vermeintliches Glück zu missgönnen.

Sie sind also eifersüchtig und akzeptieren es. «Ich bin eifersüchtig», sagen Sie, «und das ist völlig in Ordnung.» Sich dieser Empfindung zu schämen, sie verbergen zu wollen, ist Energieverschwendung und müsste Ihnen albern vorkommen (oder Sie lächerlich machen).

Eifersucht entsteht, wenn Ihr Leber-Chi zu heiß wird, weil Ihr Nieren-Chi, das normalerweise für die Kühlung der Leber sorgt, zu schwach ist, weil Kälte oder Stress, eine Erkrankung oder die Angst und Sorge, nicht das zu bekommen, was Sie brauchen, zu Verkrampfungen im Nierenbereich führen.

Umgekehrt verursacht Eifersucht eine Überhitzung der Leber und lässt das «Wasser» der Nieren verdampfen, sodass sie geschwächt werden und Angst in Ihnen auslösen (nicht das zu bekommen, was Sie brauchen), wodurch sich Ihre Anfälligkeit für Kälte, Stress, Erkrankungen und Beklemmungen noch erhöht.

Um bei Eifersuchtsanfällen einen Heilungsprozess in Gang setzen und zukünftigen Anfällen den Boden entziehen zu können, legen Sie das Buch vor sich hin und pressen die Fingerspitzen Ihrer rechten Hand, der Sie mit der linken Hand noch mehr Nachdruck verleihen, maximal 50 Sekunden lang auf den Bereich unter dem rechten Rippenbogen, bis Ihnen fast die Luft wegbleibt. Dabei atmen Sie mit einem Zischen aus: «*Schhhhhhhhh!*»

Stellen Sie sich vor, dieses Geräusch (der alte taoistische Leber-Chi-Heilklang) käme wirklich aus einer unsichtbaren Öffnung am Druckpunkt Ihrer Fingerspitzen und würde bei seinem Entweichen aus Ihrem Körper die giftige Energie Ihrer Eifersucht mit sich forttragen.

Wiederholen Sie diese Übung dreimal oder, falls Sie besonders eifersüchtig sind, noch öfter. Lockern Sie dann Ihre Fingerspitzen, entspannen Sie sich und geben Sie eine Erklärung ähnlich der folgenden ab:

> «*Von jetzt an will ich daran glauben, dass das, was auf mich zukommt, für mich gedacht ist, und das, was sich meinem Zugriff entzieht, nicht. Ich will außerdem darauf vertrauen, dass ich immer bekomme, was ich brauche, damit sich mein persönliches*

Wachstum zu meinem eigenen Wohl und zum Wohl aller in meiner Umgebung möglichst gut entwickeln kann.«

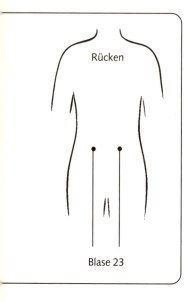

Blase 23

Aktivieren Sie nun dieses Vertrauen auf intuitiver Ebene und räumen Sie die energetische Ursache Ihrer Angst, nicht das zu bekommen, was Sie brauchen, aus, indem Sie Ihre Hände auf die Hüften legen und die Daumen so fest seitlich neben den Muskelsträngen, die in etwa 5 cm Abstand rechts und links der Wirbelsäule verlaufen, in den Rücken pressen, dass die Druckstellen merklich, aber angenehm schmerzen. Halten Sie den Druck etwa 70 Sekunden lang aufrecht und lassen Sie dann langsam locker.

Dadurch wird nicht nur die der Eifersucht zugrunde liegende Angst vertrieben, nicht das zu bekommen, was Sie brauchen – sie wird sich bei regelmäßiger Übung und zunehmender Geschicklichkeit mit der Zeit verflüchtigen –, sondern es werden unter anderem auch Rückenschmerzen aller Art behoben bzw. verhindert, der Geschlechtstrieb angeregt, die Immunabwehr gesteigert, Verstopfungen gelindert und die Daumen erheblich gekräftigt.

BEFREIUNG

19

VON ERFOLGSANGST

Heute Morgen ist die Regenfront abgezogen und hat einen glasklaren, eisblauen Himmel über einem frischen Wintermeer zurückgelassen, das sich silbrig bis ans Ende der Welt dehnt. Und als ich am Abend einen Spaziergang mache, durchlöchern Abermillionen Lichtpunkte die Dunkelheit, denn in dieser Gegend ist nichts von dem beruhigenden Schein städtischer Straßenlaternen zu sehen: Das nächste Haus liegt weit hinter dem Horizont, und der abnehmende Mond leuchtet nur mit halber Kraft.

Eine Sternschnuppe saust unauffällig durch den weiten Raum, und ich wünsche mir sofort traditionsgemäß, dass sich alle Träume (weiterhin) erfüllen mögen, und denke an Sie. Ich würde Ihnen gerne sagen, dass einer dieser Sterne Ihren Namen trägt, aber das klingt irgendwie blöd, wie aus einer Werbung für die Klassenlotterie – obwohl es, symbolisch betrachtet, stimmt. Ich entscheide mich also dagegen (tue es aber trotzdem).

Jeder, auch Sie, hat einen Glücksstern, einen Leitstern, der ihn, wenn er ihm vertrauensvoll folgt, zu einer Welt führt, in der alle Wünsche in Erfüllung gehen. Aber Sie müssen fest daran glauben. Denn wie immer in dieser Welt der Illusionen wird das passieren, woran Sie glauben. Davor haben Sie allerdings Angst. Sie haben Angst vor ebendiesem Erfolg, den Sie sich wünschen.

Und warum?

Weil Sie intuitiv wissen, dass es viel schwerer ist, erfolgreich zu bleiben, als einen ersten Erfolg zu verbuchen. Und als Erfolgreicher keinen Erfolg mehr zu haben ist schmerzlicher, als gar nicht erst erfolgreich gewesen zu sein. Weil Sie wissen, dass damit unvorhersagbare Veränderungen für Sie verbunden wären, wo Sie sich doch gerade an das gewöhnt haben, was (bisher) aus Ihnen geworden ist. Weil Sie die weiche, wohl behütete Ruhe der Wohnzimmercouch verlassen und sich den scharfen Gipfelstürmen aussetzen müssten. Weil Sie im tiefsten Innern wissen, dass Erfolg kein Mittel gegen das entsetzliche Gefühl der Leere sein wird, das sich stets hinter kleineren Ängsten verbirgt. Und das nur, weil Sie, wie jeder andere, Angst vor Veränderungen haben, wie befreiend sie auch sein mögen, und obwohl Sie ein Sklave Ihres derzeitigen Zustands sind.

Sie sehnen sich nach der Befreiung, die der Erfolg verspricht, und fürchten sich doch zugleich davor. Und das ist eine dumme Sache. Denn eines Tages werden Sie sterben. Sie werden kaum als erster Mensch diesem Schicksal entgehen. Ihrer Anwesenheit hier beim Lesen entnehme ich jedoch, dass Sie Ihre Angst vor dem Tod immerhin so weit überwunden haben, dass Sie weiterleben können, bis er da ist. Und das erfordert viel Mut.

Wenn Sie mit der Todesangst umgehen können, müsste es eigentlich eine Kleinigkeit für Sie sein, auch mit der Angst vor einer solchen Bagatelle wie Erfolg und mit den verhältnismäßig geringfügigen Veränderungen fertig zu werden, die sich dadurch in Ihrem Leben ergeben. Sie würden Business statt Economy Class fliegen, einen Mercedes statt einen Mini oder einen Mini statt einen Roller fahren, auf den Fidschis statt auf den Kanaren überwintern und Mohair und Seide statt Mikrofasern tragen. Na und? Sie würden in den Augen anderer (oder sogar in Wirklichkeit) der sprichwörtliche Erfolgsarsch sein. Ihre Freunde würden Sie beneiden und Ihre Feinde noch mehr. Was soll's!

Schluss mit der Erfolgsangst, dieser Angst davor, das einzigartige Wunder dessen, der oder die Sie sind, voll und ganz zu verwirklichen und das zu erreichen und Gestalt annehmen zu lassen, was Sie sich immer gewünscht haben. Soweit sich sagen lässt, haben Sie nur einen Durchgang auf dieser verrückten Achterbahnfahrt des Lebens und sollten Ihre Zeit nicht damit vertun, ständig Kinderkarussell zu fahren, immer im Kreis herum.
Will noch jemand in den großen Wagen des Erfolges einsteigen?

Breiten Sie zuerst die Arme aus, als wollten Sie einen alten Freund begrüßen, und sagen Sie dabei im Stillen oder laut, falls niemand in Hörweite ist, der ein persönliches Interesse daran haben könnte, Sie kaltzustellen (und gegen Ihren Willen in eine geschlossene Anstalt einzuweisen):

«Geist des Erfolges, ich heiße dich von jetzt an in allen Aspekten meines Lebens willkommen – komm (mein Schatz), komm!»

Sagen Sie es nicht nur – fühlen Sie auch so. Fühlen Sie aus ganzem Herzen, wie Positivität und Optimismus Ihre Brust durchfluten, Ihren Bauch füllen und Ihren Geist erhellen. Ja, Angst ist auch da. Erfolg wird Sie verändern, so viel steht fest. Aber Angst ist bloß Angst, und Veränderung tut gut, wenn Sie davon überzeugt sind – sagen Sie:

«Jede Veränderung ist gut.»

Gut! Jetzt, wo ich Sie aufgestachelt, in Begeisterung versetzt und Ihnen Ihren eigenen Erfolg verkauft habe, müssen Sie allerdings energetisch optimale innere Bedingungen schaffen, damit Ihre Träume Gestalt annehmen und in der materiellen Welt etwas werden können. Fangen Sie bei sich selbst an, ehe Sie die Welt verändern.

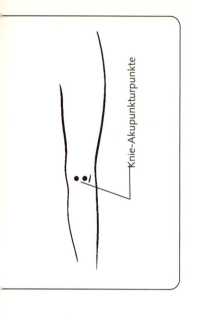

Knie-Akupunkturpunkte

Reiben Sie zunächst kräftig mit den Handflächen Ihre Kniescheiben, bis sie siedend heiß sind. Üben Sie dann mit den Daumen oder einem improvisierten Massagegerät, etwa dem Stiel eines Holzlöffels, festen Druck auf die beiden Grübchen in jedem Knie aus, die sich rechts und links der Mitte oberhalb des Schienbeins befinden – bei allen vier Vertiefungen jeweils bis zu 80 Sekunden lang. Genießen Sie den angenehmen Schmerz, der dadurch entsteht, und lassen Sie wieder locker.

Dass Sie Ihren Kniescheiben so viel Aufmerksamkeit schenken sollen, mag Sie überraschen, aber die Knie sind der Ursprungsort für die Angst vor Veränderung. Grund dafür ist die extrem enge energetische Beziehung der Knie mit dem Nieren-Chi, und der Mangel an diesem Chi erzeugt bei Ihnen Angst (vor allem und jedem). Deshalb ist die Stimulierung des Chis in den Knien nicht nur eine wunderbare Methode, lästige Knieschmerzen zu lindern, sondern trägt auch dazu bei, die Angst vor Veränderung zu überwinden. Aber Sie sind noch nicht fertig.

Beugen Sie sich nun aus der Hüfte nach vorn, sodass Sie nach hinten fassen können, und bearbeiten Sie ungefähr 120 Sekunden lang mit den Fäusten Ihr Kreuz rechts und links der Wirbelsäule mit einem schnellen, sanften und doch Furcht erregenden Trommelwirbel, der den Nieren-Chi-Fluss ganz allgemein anregt und im Besonderen Ihre Angst beträchtlich mildert. Richten Sie sich danach wieder auf.

Jetzt zum Milz- und Magen-Chi, das dem Element Erde entspricht und den Strom materieller Erfolge im Leben beeinflussen soll. Darum heißt es auch: Topmilz, Glückspilz.

Legen Sie die linke Hand links der Mitte auf den Oberbauch, holen Sie tief Luft und tönen Sie, während Sie die rechte Handfläche langsam und sachte von der Brust aus nach vorn strecken wie ein Polizist, der mit einer Zeitlupenbewegung den Verkehr anhält, so tief und wohltönend wie nur möglich «*Shiiiiiiiiii!*», den alten taoistischen Magen-Chi-Heilklang.

Ziehen Sie, während Sie erneut einatmen, die rechte Hand langsam wieder zur Brust zurück und beginnen Sie von vorn.

Wenn Sie diese Übung aus Tönen und Handbewegung siebenmal wiederholt haben, lassen Sie die Hände langsam sinken. Träumen Sie im vibrierenden Spannungsfeld der anschließenden Stille eine Zeit lang ungehemmt davon, wie Erfolg riechen, schmecken, klingen, aussehen und sich (für Sie) anfühlen könnte.

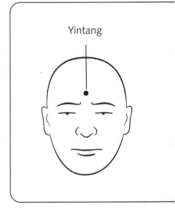

Üben Sie danach leichten Druck auf eine kleine Vertiefung in der Mitte Ihrer Stirn dicht unter dem Haaransatz aus, die Sie ertasten können. Das ist der Punkt *Yintang* («Siegelhalle»), der Macht über das eigene Schicksal verleihen soll. Sagen Sie:

> «*Ich bin ein Krieger. Ich kann es.*»

Jetzt müssen Sie es nur noch tun.

BEFREIUNG

VOM INNEREN SKLAVENTREIBER

Heute habe ich, statt sofort mit dem Schreiben anzufangen, den Tag auf traditionelle Weise begonnen, indem ich nach draußen gegangen bin, mich ins Gestrüpp zu den sechs wilden Pferden gesellt habe, die vom schräg einfallenden, fast schon blendenden Sonnenlicht angestrahlt wurden, habe, während mich der Leithengst an der Schulter stupste und mich durch die Jacke sanft in den Oberarm biss, meinen Blick zu einem Fischerboot schweifen lassen, das auf der etwas dunstigen Horizontlinie entlangglitt, und Tai-Chi gemacht.
Ganz langsam.
Es sind Mistviecher, diese Pferde, ein bisschen wie Walter, der Tao-Hund, der mir immer das Gesicht ableckt, wenn ich gerade eine (yogische) Totenstellung auf dem Fußboden einzunehmen versuche, oder wie meine Kinder, die sich als Babys immer an meine Füße hängten, während ich mich gerade bemühte, einen (Tai-Chi-) Schritt auszuführen, ohne dabei umzufallen. Aber sie (die Pferde) schafften es nicht recht, mich umzuwerfen. Ich brachte die Figur auf relativ harmonische Weise zu Ende, schickte nach besten Kräften heilsame Energie in die Welt hinaus, besonders in Kriegsgebiete, an die in dieser walisischen Ruhe zu denken eine gewisse Überwindung erforderte, sagte mit einer Stimme in einer Mischung aus Barry White und Giorgio Armani nach dem Genuss

von schlechtem Acid «Ciao!» zu den Pferden, kicherte in mich hinein und machte mich auf den Rückweg zum Schuppen, um im postmodernen Sinne des Wortes das Textprogramm zu starten – also endlich mit dem Schreiben anzufangen.

Nicht, dass ich Lust dazu gehabt hätte. Ich wäre lieber draußen in der Sonne geblieben, hätte etwas Pa-Kua gemacht oder wäre vielleicht den Berg hinaufgekraxelt, aber der Tyrann in meinem Innern (er sitzt über den Nebennieren gleich hinter dem Magen) stupste mich weit weniger freundlich als die Pferde.

Dieser Bastard hatte nämlich einen Terminplan. Er wollte dieses Buch fertig und mich so schnell wie möglich aus dem Schuppen heraushaben, um mich ohne Zeitverlust an das nächste Projekt zu scheuchen, und immer so weiter, bis ich tot bin und er im Körper von jemand anderem andocken konnte, um wieder von vorne zu beginnen.

Haben Sie sich jemals gefragt, wer dieser innere Tyrann ist? Handelt es sich nur um einen sadistischen Teufel, der darauf abfährt, Leute anzupeitschen, bis sie tot umfallen? Oder um den archetypischen, apriorischen Geist des Fortschritts, der uns alle zum höheren Zweck der Evolution antreibt? Ist er die Mutter, der Vater, der Pfarrer oder der Grundschullehrer, die man verinnerlicht hat? Oder ist er bloß ein Phantasiegebilde?

Egal, wer er ist, ich habe ihm jedenfalls gesagt, er soll sich verpissen, habe mich umgedreht, bin zu den Pferden zurückgegangen, habe wieder «Ciao!» gesagt, dieses Mal wie Prinz Charles, habe noch einmal in mich hineingekichert und bin dann eine gute halbe Stunde lang wie ein Pa-Kua-Meister herumgewirbelt. Und da habe ich beileibe nicht Halt gemacht, sondern mich noch in eine ausgewachsene Hsing-I- und Weißer-Kranich-Orgie gestürzt, ehe ich, meine Pferdefreunde im Schlepptau, den Hang hinaufgestapft bin, um mein Handy dort auszuprobieren, weil ich herausfinden wollte, ob meine Heilkräfte schon eine Wirkung auf die Welt hatten. Aber ich habe auch dort keinen Empfang gehabt, und so bin ich wieder heimgegangen, habe dem Tyrannen einen besänftigenden Gruß zugebrummt und mich (wie Sie sehen) ans Schreiben gemacht.

Im Endeffekt ist alles eine Sache der Balance. Sie müssen ein Gleichgewicht zwischen Ihrem inneren Kind und Ihrem inneren Tyrannen herstellen, wenn Sie etwas zu Ende bringen und an der Arbeit Ihre Freude haben wollen. Manchmal schlägt das Zünglein mehr zu der einen, mal stärker zu der anderen Seite aus, und wenn es sich, wie es wünschenswert wäre, für eine gewisse Zeitspanne irgendwo auf der Mitte einpendeln soll, damit Sie Ihren Seelenfrieden finden und sich eine Weile erhalten – was Sie schließlich vor allem und mehr als alles andere ersehnen –, führen Sie am besten das folgende Experiment durch:

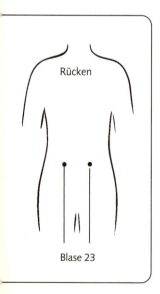

Wenn die Energie in Ihren Nebennieren, auf denen Ihr innerer Tyrann hockt, so glatt und entspannt fließen soll, dass er darin versinkt und in der Tiefe Ihrer Nieren verschwindet, in der Sie ihn mit Ihrer Willenskraft vereinen, setzen oder stellen Sie sich hin, legen die Hände auf die Hüften und pressen die Daumen außen neben den Muskelsträngen, die zu beiden Seiten der Wirbelsäule verlaufen, in den Rücken. Üben Sie genügend Druck aus, dass Sie einen starken, aber noch angenehmen Schmerz empfinden, halten Sie ihn bis zu 50 Sekunden lang aufrecht und lassen Sie dann langsam wieder los.

Wiederholen Sie die Übung, dieses Mal jedoch 5 cm höher, strecken Sie anschließend, während Sie tief einatmen, die Arme hoch über den Kopf, beugen Sie sich aus der Hüfte langsam nach vorn (nur so weit, wie Sie mühelos kommen, ohne den Rücken zu überdehnen) und tönen Sie dabei so tief und wohlklingend wie möglich den alten taoistischen Nieren- und Nebennieren-Chi-Heilklang «*Fffuuuuiiiiiiiii!*».
Wiederholen Sie diese Streck-, Beuge- und «*Fffuuuuiiiiiiiii*»-Übung höchstens sechsmal, um sich danach entspannt hinzusetzen und sich Folgendes zu suggerieren:

> «*Es ist absolut in Ordnung, wenn ich meinen eigenen Rhythmus finde. Je besser mein Rhythmus mir entspricht, umso mehr schaffe ich.*»

Stellen Sie sich nun eine Zeit lang vor, wie das aussieht, denn so, wie Sie es sehen, wird es auch sein.

Legen Sie als Nächstes eine warme Hand auf Ihren Solarplexus (in der oberen Bauchmitte) und massieren Sie ihn mit dem Handballen in maximal 36 langsamen Kreisbewegungen, erst gegen den Uhrzeigersinn (um stockendes Chi aufzulösen) und dann im Uhrzeigersinn (um ihn mit frischem Chi aufzufüllen). Bewegen Sie dabei kräftig Haut und Fleisch über den Magen.

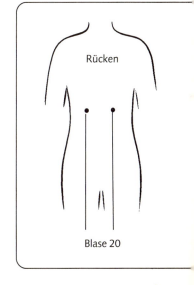

Drücken Sie zum Schluss die Spitze Ihres dominanten Zeigefingers leicht in die kleine Vertiefung auf Ihrer Stirnmitte dicht über den Augenbrauen und führen Sie dort maximal 81 winzige Kreisbewegungen im Uhrzeigersinn aus. Das ist der *Yintang*, ein «Glückspunkt», dessen Stimulation Geist, Körper, Energie und Seele vereint – der also dafür sorgt, dass alle an einem Strang ziehen und Ihrem Glück eine erkennbare Gestalt verleihen. Lassen Sie allmählich locker und nehmen Sie den Finger mit anmutiger, langsamer Bewegung weg, damit das Druckgefühl noch ein paar Momente lang bleibt, obwohl Sie aufgehört haben zu pressen. Wenn Sie dieses Gefühl (von Chi) ausgekostet und tief Luft geholt haben, erklären Sie:

> *«Von jetzt an will ich nur noch in einem Tempo gehen, das ich als angenehm empfinde. Damit öffne ich nicht Faulheit und Erstarrung Tür und Tor, sondern erreiche alles, was ich zum gesunden Wachstum brauche, leicht, mühelos und auf wunderbare Weise. So soll es sein.»*

Und so sei es.

BEFREIUNG
VON GROLL

Groll kann gegen eine bestimmte Person, eine Gruppe von Leuten, eine ganze Nation, eine Firma, eine Regierung, das System im Allgemeinen oder auch das Leben schlechthin gerichtet sein. Er kann einen konkreten Grund haben. Oder grundlos da sein. Er kann sich wie ein ständiges Angegriffenwerden anfühlen oder als schwerer Kloß im Magen liegen. Worin er auch bestehen mag, er tut Ihnen jedenfalls nicht gut.

Sie hegen einen Groll, wenn Sie für ein bestimmtes Problem oder Ereignis keine Lösung sehen und sich ärgern. Dann versuchen Sie vergeblich, etwas daran zu ändern, indem Sie das verinnerlichen, was Ihnen an irgendwelchen Leuten (direkt oder indirekt) missfallen hat. Das führt dazu, dass Sie diese Leute zur Strafe (innerlich) mit negativem, destruktivem Chi bombardieren.

Was Sie internalisieren, wird jedoch (offensichtlich) ein Teil von Ihnen, sodass Sie letztlich nicht die anderen mit Ihrem destruktiven Chi bestrafen, sondern sich selbst – Ihr eigenes dummes Ich. Darum sind Menschen, die jahrelangen Groll hegen, solche unerträglichen Miesepeter, stets unter Stress, anfällig für Krankheiten und unfähig, wirklich loszulassen und sich ihres Lebens zu freuen.

Es ist unmöglich, loszulassen und sich des Lebens zu freuen, aber trotzdem weiter zu grollen. Denn um wirklich loszulassen, müssen

Sie wirklich alles loswerden, was Sie vom Loslassen abhält, und nichts ergreift so sehr Besitz von Ihnen wie Groll – außer vielleicht pubertäre Komplexe, aber damit befassen wir uns später.

Ebenso wie physische Gifte sitzt die Energie des Grolls überwiegend im Grimmdarm, einem Teil des Dickdarms, wo sie vor sich hin rottet und Ihr System vergiftet. Um den Prozess in Gang zu setzen, der Sie davon befreit, legen Sie den Daumen und die Finger Ihrer flachen Hand aneinander. Wenn Sie sich nun Ihren Handrücken anschauen, sehen Sie, dass sich am Ende der Nahtlinie zwischen Daumen und Zeigefinger eine fleischige Erhebung gebildet hat. Pressen Sie den Daumen der anderen Hand konzentriert und kräftig auf diesen Knubbel und drücken Sie dabei in Richtung Handmitte. Sie müssen vielleicht ein bisschen herumtasten, bis Sie auf den genauen Druckpunkt stoßen, aber sobald Sie ihn gefunden haben, wird dort ein starker, leicht lähmender, aber angenehmer Schmerz entstehen und in Ihre Hand ausstrahlen. Je mehr Schmerz (in vernünftigen Grenzen) Sie erzeugen können, umso besser; üben Sie so lange Druck aus, wie Sie ertragen können, jedoch nicht länger als zwei Minuten. Danach wiederholen Sie die Übung mit der anderen Hand.

Dieser Punkt («Talverbindung») ist auch bekannt als der «Große Reiniger», denn er spielt eine Schlüsselrolle unter den Punkten auf dem Dickdarmmeridian. Seine Stimulierung regt den Grimmdarm dazu an, feststeckende Abfallprodukte sowohl physischer als auch energetischer Art auszuscheiden.

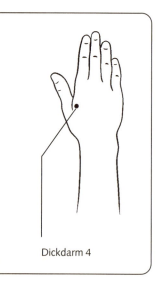

Dickdarm 4

Konzentrieren Sie sich, während Sie genüsslich zur Kenntnis nehmen, dass die Wirkung (des Druckes auf diesen Punkt) allmählich nachlässt, auf alles und jedes, wogegen Sie einen Groll hegen, legen Sie Ihre dominante Hand auf den Bauch unterhalb des Nabels, die andere Hand darauf, und führen Sie damit im Uhrzeigersinn maximal 81 Kreisbewegungen auf Ihrem Unterleib aus, durch die das Fleisch von außen fest gegen die Eingeweide geschoben wird. Atmen Sie dabei langsam und rhythmisch. Stellen Sie sich gleichzeitig vor, dass durch diese Bewegung alle stecken gebliebenen Grollenergien zum After hinausmassiert werden wie ein langer, ätherischer Furz.

Ganz nebenbei dient diese Technik auch der Verhütung oder Linderung von Darmreizungen, Verstopfung, Verdauungsstörungen, Blähungen und sogar Säuglingskoliken (von Geburt an, sofern sie sehr sanft durchgeführt wird), und schließlich ist sie ein bewährtes Mittel zur Steigerung nachlassender Sexualenergie.

Nehmen Sie nun eine bequeme, entspannte Haltung ein, lassen Sie alle, denen Sie irgendwie grollen, vor Ihrem geistigen Auge aufmarschieren und sagen Sie:

«Das Urteil ist aufgehoben!»

Schauen Sie zu, wie sich die Leute umdrehen, abziehen und in der Ferne verschwinden. Schütteln Sie dann die Energie aus Ihren Händen, als würden Sie Wasser abschütteln, schütteln Sie sich selbst, wenn Sie mögen, strecken Sie die Arme in die Luft und rufen Sie:

«Hurra, ich bin frei!»

BEFREIUNG 22

VON DER SORGE UM DEN SOZIALEN STATUS

Ich bin gerade durch Jebs Treibhäuser geführt worden. Mit der eigenen Quelle, Strom aus Wasserkraft, der Vielzahl von saftigen Früchten und Gemüsen, die in diesen Treibhäusern gedeihen, und der riesigen, umfassenden Sammlung von Büchern und Tonträgern aller möglichen großen Weltkulturen könnten Jeb und Mike bis in alle Ewigkeit hier oben, inmitten dieser rauen Wildnis, die auch den kühnsten Dieb abschreckt, wohnen – falls die gesamte globale Infrastruktur einmal zusammenbrechen sollte.

In diesem unwahrscheinlichen, aber immerhin denkbaren Fall wären Jeb und Mike Königin und König über ein Riesengelände. Sicher, sie würden noch immer keinen Empfang mit dem Handy haben, aber das Ding hätte dann sowieso keinen Nutzen mehr. Ihr rustikaler Landsitz wäre der Inbegriff von Glanz und Luxus. Die beiden wären *das* Paar, das jeder gerne kennen lernen würde.

Bis dahin sind es (zum Glück für Jeb und Mike, die sich bloß ein ruhiges Leben wünschen, und für uns andere, die ganz zufrieden sind mit allem, so, wie es ist) die Hollywoodstars, die New Yorker High Society, die Londoner Prominenz, Popstars, die Topmodels, Modezaren und Friseure, ein paar Heiler, Ex-Spitzenpolitiker, Ex-Gangster und ein Rest vom alten Adel, die von der Gesellschaft gefeiert werden.

Wir Übrigen schauen uns das Theater im Fernsehen an, lesen

davon in Boulevardzeitungen und Klatschmagazinen und tun so, als gehörten wir dazu. Es ist immer das gleiche Spiel, und man lässt sich leicht davon ablenken. Es ist ein Spiel, bei dem die Sieger wegen etwas, das sie selbst, ihre Eltern, ihr derzeitiger oder Ex-Partner getan haben oder das sie an sich haben, von denen gefeiert (beneidet, bewundert, nachgeahmt oder alles drei) werden, die wünschten, sie hätten auch so etwas getan – die aber entweder glauben, dass sie es aus irgendwelchen Gründen nicht schaffen, oder sich selbst und anderen vorgaukeln, sie hätten auch etwas Ähnliches getan oder an sich.

Das ist die dumme alte Erklärung eines dummen alten Spiels, dem man sich nicht entziehen kann – die Leute sind auf ein solches Verhalten programmiert. Es spielt, soziologisch gesprochen, eine wichtige Rolle dabei, wie wir uns in Gruppen organisieren – jeder möchte gern «wer sein».

Aber stellen Sie sich einmal vor, Sie wären gern ein Niemand.

Malen Sie sich aus, welche Erleichterung es wäre, den überfüllten Lebensweg entlangzuwandern und einfach ein Niemand zu sein. Ohne die drückende Last des Mythos, wer Sie (in Beziehung zur Gesellschaft) geworden zu sein glauben, könnten Sie frei sein wie ein Kind und jede Einzelheit des Weges neu in sich aufnehmen. Sie müssten natürlich immer noch Ihren Lebensunterhalt verdienen (oder obdachlos werden), aber Sie wären nicht mehr dazu verurteilt, den Schein zu wahren, nur um Ihren sozialen Status zu dokumentieren. Wenn andere Sie einen Niemand schimpften, könnten Sie dem einfach zustimmen, ohne sich darüber zu ärgern. Wie ich aus eigener Erfahrung sagen kann, weil ich einmal einen Selbstversuch durchgeführt und ungefähr ein Jahr ohne festen Wohnsitz und damit quasi ohne Status gelebt habe, sind Sie paradoxerweise in dem Augenblick, in dem Sie sich erleichtert eingestehen, dass Sie niemand sind, sofort jeder und alles.

Jeder gute Buddhist wird Ihnen bestätigen, dass Sie nur Ihren

Geist von sich selbst leeren müssen, um zu erkennen, dass Sie schon immer das ganze Universum waren, sind und sein werden (ein Leben nach dem anderen). All das Gegackere und Gescharre nach einem schäbigen Krumen Sozialstatus dient lediglich dazu, uns vom Gedanken an die Ewigkeit abzulenken.

Kurz: Seien Sie niemand, und Sie werden jeder und alles sein. Bei solchem Reichtum fühlen Sie sich ganz von selbst als Weltherrscher oder -herrscherin, komme, was mag. Vielleicht fehlen Ihnen entsprechende Insignien oder Markenkleider, an denen das zu sehen wäre. Aber was bedeuten schon Insignien und Marken, wenn Ihnen das ganze Universum rechtmäßig zusteht!

Auf dem Scheitel Ihres Kopfes ist ein Punkt, dessen Stimulation Ihnen zu dieser Einsicht verhilft. Wenn Sie ihn mit winzigen Kreisbewegungen Ihrer Zeigefingerspitze im Uhrzeigersinn maximal 108-mal massieren, sodass sich die Kopfhaut auf der Schädeldecke verschiebt, werden Sie nach drei oder vier Minuten für einen Augenblick das Empfinden haben, gleichzeitig niemand und alles zu sein.

Das ist der Punkt, der das Chi des universellen Bewusstseins aktiviert. Es ist der Punkt, über den sich Ihre kleine Seele mit der «großen Seele», dem Tao, verbindet und der Sie leer werden lässt. Probieren Sie es jetzt gleich aus, wenn Sie wollen. Denn wie jeder gute, schlechte oder mittelmäßige Taoist Ihnen bestätigen könnte, werden sowohl Ihr innerer Raum als auch Ihr äußeres Energiefeld durch die Leere in Ihrem Innern, durch die Freiheit

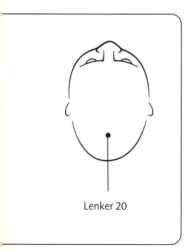

Lenker 20

von lästigen Statussorgen und die dadurch begründete innere Stille zu etwas so Erfreulichem, dass selbst Engel, Götter und Geister, von normalen Sterblichen ganz zu schweigen, zu Ihnen strömen werden. Ein Vakuum füllt sich stets wieder von selbst.

Stellen Sie sich vor, dass unter Ihrer kreisenden Fingerspitze eine Öffnung im Scheitelpunkt Ihres Kopfes entsteht, durch die Sie ein- und ausatmen – alle eitlen Selbstbilder verflüchtigen sich beim Ausatmen, während beim Einatmen die Kreativität der Engel, Götter und Geister (das Tao) in Sie hereinströmt und Ihr Gehirn durchflutet.

Nehmen Sie den Finger nun langsam vom Kopf weg und schauen Sie sich um; stellen Sie sich vor, die ganze Welt läge Ihnen zu Füßen, und sagen Sie (wieder) voller Stolz und so oft, bis es Ihnen in Fleisch und Blut übergegangen ist und Sie einen Moment lang tatsächlich so empfinden:

«Ich bin König (oder Königin), egal wovon!»

BEFREIUNG

VON DER SORGE UM DIE EIGENE ATTRAKTIVITÄT

Jeder will gern gut aussehen. Die gesamte globale Medien- und Werbeindustrie weiß das, und sie weiß auch, wie man den Köder auslegt, um die Leute zum Kaufen anzuregen. Und dieser Köder ist ein schwaches Selbstwertgefühl.

Minderwertigkeitskomplexe sind Schamgefühle gegenüber der eigenen Person. Sie entstehen wahrscheinlich irgendwann im Zeitraum des frühkindlichen Toilettentrainings, wenn Ihnen diejenigen, die für Sie sorgen, mehr oder weniger schonend klar machen, dass Ihre Kacke, Ihr Urin und Ihr Erbrochenes, die sichtbaren Ausscheidungsprodukte Ihres Körpers, etwas Schmutziges und Stinkendes sind, dessen Sie sich schämen und das Sie verstecken müssen. Sie schließen zum Beispiel die Klotür ab, um die Illusion aufrechtzuerhalten, Sie selbst würden so etwas Unanständiges nicht tun (Sie nicht, andere aber wohl), obwohl in Wahrheit alle, bis auf die Queen vielleicht, im Durchschnitt zweimal am Tag kacken, sechsmal pinkeln und sich mindestens alle paar Jahre einmal übergeben müssen.

Hätten wir nicht diese Komplexe in Bezug auf unsere Körperausscheidungen und -gerüche, müsste die Toilettenartikelindustrie eine Menge Leute entlassen. So aber ist sie eine der größten Industrien, die es gibt, und im Wachsen begriffen. Das ist auch gar nicht so schlecht (wenn Sie mich fragen), denn sonst wären wir ein ganz schön übel riechender Haufen. Trotzdem ist anzunehmen, dass Sie, wenn Ihre Betreuer während Ihrer Toilettentrainingsphase (und schon vorher) etwas mehr Weisheit und Einfühlungsvermögen an den Tag gelegt und nicht selber solche Probleme damit gehabt hätten, weniger von dieser tief sitzenden Scham betroffen wären und grundsätzlich mehr Selbstachtung besäßen.

Wenn die Pubertät mit Akne, Babyspeck, sprießendem Schamhaar, dem Wachstum der Brüste (entweder zu langsam und nicht groß genug oder zu schnell und zu groß) bzw. dem befriedigenden oder unbefriedigenden Wachstum von Penis und Bart sowie mit einem Aufruhr der Hormone herannaht, löst das unberechenbare Stimmungsschwankungen aus, die mit allgemeiner Unbeholfenheit und infolgedessen verstärkter Gehemmtheit einhergehen. Genau in diesem Zeitabschnitt, in den Ihr erster tastender, meist ungelenker und schmerzhafter Auftritt auf der sexuellen Bühne fällt, kommt die Scham, die in der Zwischenzeit hinter den Klotüren Ihres Bewusstseins eingeschlossen war, in Form von Minderwertigkeitsgefühlen und verletzter Eitelkeit wieder zum Vorschein und legt Sie emotional vollkommen lahm. Und sie bleibt Ihnen, gut getarnt, aber beherrschend, Ihr ganzes Erwachsenenleben lang erhalten, bis Sie sterben oder zu einer neuen Einstellung ihr gegenüber gelangen.

Und wahrhaftig, alle Fitnesscenterbesitzer, Kosmetik-, Haarpflegemittel- und Toilettenartikelhersteller, Schönheits- und Frisiersalons, Maniküre- und Pediküredienste, die plastische Chirurgie, die Händler mit Lifestyledrogen, Make-up-Künstler, Modedesigner, Autofabrikanten, kurz: die Hersteller, Händler und Anbieter aller Produkte, die Sie kaufen, weil Sie sich ohne sie unvollständig fühlen, und die Werbeagenturen und Medienkonzerne, deren Einnahmen davon abhängen, dass Sie sich so und nicht anders verhalten, sie alle danken es Ihnen. Letztlich hält sich, von wenigen Ausnahmen einmal abgesehen, grundsätzlich niemand für attraktiv genug, zumindest in unserer Kultur nicht.

Das hat wenig damit zu tun, wie attraktiv andere Sie tatsächlich finden. Ich habe über die Jahre viele Menschen mit Minderwertigkeitsgefühlen behandelt, darunter eine der unbestreitbar schönsten Frauen, die ich je gesehen habe (und ich habe einen Blick dafür), die aber so von ihrer eigenen Hässlichkeit überzeugt war, dass sie sich am Rande eines Selbstmords befand. Und diese Extremversion des Syndroms ist weiter verbreitet, als man denkt. Umgekehrt bin ich, wie Sie bestimmt auch, schon vielen Leuten begegnet, die nach herkömmlichem Verständnis alles andere als schön und manchmal sogar ausgesprochen hässlich sind, die aber von ihrer Ausstrahlung her so attraktiv und sexy wirken, dass sie jeden in ihren Bann schlagen.

Es kommt letztlich nur darauf an, Ihr «Charisma» anzuregen, und dazu ist dreierlei erforderlich: Reduzieren Sie Ihre persönliche Scham, erhöhen Sie Ihre Selbstakzeptanz und Selbstachtung, und aktivieren Sie Ihre magnetische Ausstrahlung und Ihren Sex-Appeal.

Natürlich werden Sie das nicht alles in den nächsten fünf Minuten hinkriegen, denn es handelt sich um einen lebenslangen Prozess –, aber Sie können einen Anfang machen, indem Sie gegen die Scham das Bach-Blütenmittel «Holzapfel» nehmen (ein paar Tropfen täglich reichen) und die folgende Übung durchführen, um Ihr Milz-Chi zu stärken, das über Ihre Fähigkeit herrscht, sich selbst zu akzeptieren.

Atmen Sie langsam und tief ein, führen Sie dabei wie ein salutierender Soldat die rechte Hand zur Schläfe. Drehen Sie sich, die linke Hand an der Seite, langsam aus der Taille etwa 30 Grad nach links, während Sie so tief und volltönend wie nur möglich den alten taoistischen Milz-Chi-Heilungslaut «*Hhuuuuuuuuuu!*» chanten. Drehen Sie sich danach in die ursprüngliche Position zurück und atmen Sie ein. Wiederholen Sie diese Übung bis zu sechsmal, entspannen Sie anschließend Körper und Geist vollständig und sagen Sie:

«Es ist ganz in Ordnung, wenn ich mich meiner selbst schäme, solange ich das lohnenswert und angenehm finde, aber es ist auch total okay, stolz zu sein, wenn mir danach ist.»

(Sie können mir glauben, Ihr Unterbewusstsein wird seine helle Freude daran haben!)

Aktivieren Sie als Nächstes Ihr Herzbeschützer-Chi, das Ihre Liebesfähigkeit im Allgemeinen und Ihre Fähigkeit zur Selbstliebe im Besonderen kontrolliert. Ziehen Sie in Ihrer rechten Handfläche eine Linie vom Handmittelpunkt (dem Stigmapunkt) bis zum schwachen, quer verlaufenden Liniengewirr, das Arm und Gelenk voneinander trennt wie ein Armband. Pressen Sie nun den Daumen der linken Hand nicht länger als 70 Sekunden kräftig auf den Punkt in der Pulsmitte, wo sich die beiden Linien kreuzen. Lassen Sie danach wieder locker und nehmen Sie sich die andere Hand vor. Denken Sie, während Sie Druck ausüben:

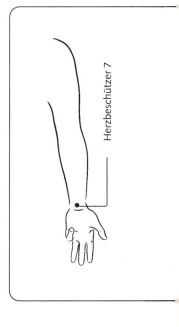

Herzbeschützer 7

«Meine innere Schönheit leuchtet mir aus den Augen und lässt meine Gesichtszüge erstrahlen. Ich liebe mich so, wie ich bin!»

Es hilft auch, äußeren Faktoren Beachtung zu schenken und beispielsweise durch entsprechende Übungen das Gesicht zu straffen, gute Hautpflegemittel anzuwenden, sich die Haare ordentlich frisieren zu lassen, sorgfältig Make-up aufzulegen, wo es angebracht ist, Kleidung zu tragen, die der Figur schmeichelt, Farben zu wählen, die gut tun, und sich diskret mit feinen Düften zu umgeben – solange Sie darin kleine Rituale sehen, die Ihnen Ihre innere Schönheit wieder bewusst machen, und Sie sich nicht darauf verlassen, dass es damit getan ist. Nicht die Oberfläche ist entscheidend, sondern was durch sie hindurchschimmert.

Stellen Sie sich anschließend, um Ihr Charisma zu aktivieren, Atemöffnungen an Ihren beiden Fersen vor und damit verbunden Kanäle, die auf der Innenseite Ihrer Beine bis zum Perineum (Damm) laufen und sich von dort aus als ein einziger Strang entweder bis zur Spitze Ihres Uterus bzw. Ihres Penis fortsetzen. Verfolgen Sie nun im Geiste, wie sich dieser eine Kanal am Perineum erneut in zwei Stränge aufteilt, die jetzt, jeder auf seiner Seite, an den Leisten entlangführen und auf der Außenseite der Beine wieder hinunterlaufen bis in die beiden Fersen.

Atmen Sie jetzt ein und stellen Sie sich vor, dass Ihr Atem durch die Fersen in Sie einströmt, auf der Innenseite der Beine ins Perineum aufsteigt und von da zur Spitze Ihrer jeweiligen Fortpflanzungsorgane fließt. Atmen Sie wieder aus und vergegenwärtigen Sie sich dabei, dass Ihr Atem in Ihr Perineum zurückfließt, sich dort in zwei Ströme teilt und durch Ihre Leisten auf der Außenseite Ihrer Beine wieder in die Fersen zurückströmt.

Wiederholen Sie diese Übung maximal neunmal und sagen Sie jedes Mal, wenn Ihr Atem zu Ihren Genitalien aufsteigt:

«*Ich bin sexy.*»

Und sagen Sie jedes Mal, wenn Ihr Atem auf der Außenseite Ihrer Beine wieder nach unten strömt:

«Ich habe Charisma.»

Stehen Sie aufrecht da, wenn Sie damit fertig sind, und sagen Sie:

«Nicht attraktiv genug? Ich bin so sexy und anziehend, dass ich mich zum Fressen gut finde!»

BEFREIUNG

VON DEM GEFÜHL, IMMER IN EILE ZU SEIN

Ich habe es schon erwähnt und werde es wegen seiner immensen Bedeutung zweifellos noch öfter wiederholen: Sie sind sich sicherlich der Tatsache bewusst – im tiefsten Innern bewusst, meine ich –, dass sich der Boden, auf dem Sie derzeit sitzen, liegen oder stehen (falls Sie sich gerade in einer überfüllten U-Bahn befinden), während Sie dies lesen, mit der Erde dreht und mit coolen, stetigen 1600 Stundenkilometern um die eigene Achse rotiert. Womit sie zugegebenermaßen etwas langsamer ist als die Concorde, aber doch schneller als alle anderen heute existierenden Transportmittel. Gleichzeitig ziehen Sie mit Schwindel erregenden 100 000 Stundenkilometern oder mehr im tiefsten, dunkelsten Weltraum Ihre Bahn um die Sonne, und das höchstwahrscheinlich, wie bei einem immer währenden kosmischen Walzer, von jetzt an weiterhin Stunde um Stunde, bis Sie sterben.

Und Sie bestehen trotzdem noch auf Eile? 100 000 Stundenkilometer ergeben fast 30 Kilometer pro Sekunde. Das ist die Strecke von London nach Manchester oder, noch besser, die nach Paris in etwa zehn Sekunden. Ist Ihnen das etwa nicht schnell genug?

Heute Morgen bin ich im Morgengrauen aufgewacht, habe ein bisschen Tao-Yoga gemacht, um meine Gelenke zu lockern und die Durchblutung meiner Muskeln anzuregen, habe dann eine Runde «Weißer Kranich» (Tai-Chi) geübt, um für den unwahrscheinlichen Fall gewappnet zu sein, dass mich auf der Straße ein Haufen Banditen angreift, habe mich schließlich warm eingemummelt und bin nach draußen in die aufs Hirn brennende Wintersonne gegangen, um bergauf, bergab zum nächsten Dorf zu stiefeln und endlich ein Signal auf meinem Handy zu empfangen, Nachrichten abzufragen, zu frühstücken und durch Zeitunglesen herauszufinden, ob die Welt der Menschen noch existiert oder sich inzwischen in die Luft gejagt hat – in diesem Fall hätte ich meine Rückkehr nach London noch etwas länger hinausgeschoben als geplant.

Hinterher saß ich auf einer Bank in der Sonne, erledigte ein paar Anrufe und wartete auf den Bus, mit dem ich bis zum Anfang des Weges fahren wollte, der den Berg hinauf zu meinem Schuppen und einer weiteren Runde schöpferischer Isolation führt. Nebenbei bemerkt, kostet die Busfahrt 52 Pence (etwas weniger als einen Euro) – 52 und nicht etwa 50 oder auch 55 Pence. Die Leute hier haben noch immer das richtige Verhältnis zum Geld und ehren den Penny. Und wissen Sie, warum? Weil sie keine Eile haben. Ich erwähne das, weil es veranschaulicht, dass wir durch unsere zunehmende Hektik keine Zeit mehr haben, uns mit krummen Centbeträgen abzugeben, sondern auf fünf oder zehn aufrunden und infolgedessen kleine Dinge immer weniger zu schätzen wissen. Kleine Dinge, wie beispielsweise die zwei Pence, bedeuten einem immer weniger, mit anderen Worten: Sie existieren nicht mehr. Und wenn, wie es landläufig heißt, der Teufel im Detail steckt, vertun wir mit jedem Detail, das wir aus den Augen verlieren, allmählich unsere Chance, Erleuchtung zu erlangen.

Die 52-Pence-Offenbarung und der Fußmarsch, den ich zurücklegte, um ihrer teilhaftig zu werden, bedeuten, dass ich jetzt wahrscheinlich fünf Stunden länger an diesem Buch (für Sie) schreibe als vorgesehen. Und das bedeutet, dass ich entweder am letzten Tag die ganze Nacht aufbleiben oder noch einen Teil des nächsten

Tages zu Hilfe nehmen muss, obwohl ich dann eigentlich schon mit all meinen Sinnen wieder im Großstadtdschungel sein wollte.

Das heißt aber nicht, dass ich mich jetzt beeilen müsste. Hektik würde nur dafür sorgen, dass mir der Kopf schwirrt, und dann könnte ich nicht mehr klar denken und erst recht nicht schreiben, sodass ich paradoxerweise langsamer vorankäme, was wiederum meinen gesamten fein abgestimmten, ausgewogenen Terminplan für Wochen durcheinander bringen würde. Tatsächlich ist das einzig Vernünftige, noch langsamer zu werden: meine Muskeln zu entspannen, mein Hirn zu entspannen und meine Atmung so zu vertiefen, dass mein Kopf klar wird und mir die Worte munter aus der Feder fließen. Andernfalls würde ich nur in Panik geraten, und dann nähme der Strom meiner Kreativität zu meinem Verdruss ein jähes und betrübliches Ende.

Schnelligkeit macht süchtig (wie Ihnen jeder Speed- oder Ecstasy-Abhängige bestätigen wird). Einmal mag es noch Spaß machen. Vielleicht sogar ein paar Mal. Aber nach einiger Zeit werden Sie sich so daran gewöhnt haben, dass Sie gar nicht mehr merken, wie sehr Sie sich beeilen, und dann ist die anfängliche Freude verschwunden. Vielleicht haben Sie sich ursprünglich in der löblichen Absicht beeilt, Ihre Arbeit so schnell wie möglich hinter sich zu bringen, damit Sie sich länger ausruhen und entspannen können. Doch sobald die Sucht ins Spiel kommt (oft schon beim ersten oder zweiten Mal), sind Sie auch dann noch in hektischer Betriebsamkeit, wenn Sie eigentlich längst Zeit hätten, sich hinzusetzen und nichts zu tun, weil Sie absolut nichts zu tun haben. Und werden deshalb immer etwas zu tun finden.

Vielleicht beeilen Sie sich, um die Anforderungen anderer an Sie zu erfüllen – die Ihrer Eltern, Ihres Partners oder Ihrer Partnerin, Ihrer Kinder, Ihrer Freunde, Ihres Chefs –, was sicher sehr rücksichtsvoll, aber dumm von Ihnen ist. Vielleicht ist Ihnen schon selbst aufgefallen, dass die Qualität der Aufmerksamkeit, die Sie anderen widmen, leidet, je mehr Sie in Hektik verfallen – bis Sie schließlich ein derart nervöses, aufgelöstes, zitterndes Wrack sind, dass Ihre Eltern Sie verstoßen, Ihr Partner oder Ihre Partnerin Sie verlässt und die Kinder mitnimmt, Ihre Freunde Sie fallen lassen und Sie gefeuert werden. (Also immer hübsch langsam, bitte!)

Sagen Sie sofort, bevor es zu spät ist: *«Dies ist mein Leben und meine Zeit, und ich mache damit, was ich will!»* Ich möchte ja nicht grob werden, aber ich rate Ihnen, freiwillig damit aufzuhören, wie ein aufgescheuchtes Huhn herumzurasen, und zwar ... jetzt.

Zur Eile neigen Sie, wenn Ihre Nierenregion sich zusammenzieht (wobei sie in diesem Fall die Angst in Ihnen erzeugt, etwas nicht zu schaffen), sodass Ihr Nebennierenfeuer zu heiß brennt (und Ihnen Feuer unterm Hintern macht).

Umgekehrt werden Ihre Nieren durch dauernde Hektik dazu gebracht, sich zusammenzuziehen, sodass ihr Chi aufwärts in die Nebennieren gequetscht wird (die nicht neben, sondern über den Nieren liegen), wodurch sie sich überhitzen und nun wiederum Sie dazu anstacheln, sich noch mehr abzuhetzen (im Kopf, im Haus oder auf der Straße).

Um diese Tendenz umzukehren und sich ein für alle Mal von dem Gefühl zu befreien, sich beeilen zu müssen, legen Sie zunächst beide Hände auf die Hüften und pressen die Daumen im Rücken auf zwei Punkte neben den Muskelsträngen, die rechts und links der Wirbelsäule verlaufen, was (sobald Sie genügend herumgetastet und die richtigen Stellen gefunden haben) einen spürbaren, aber angenehmen Schmerz auslöst (sofern Sie entspannt sind und sich nicht dagegen sträuben). Je stärker die Verkrampfung, umso größer der Schmerz. Je größer der Schmerz, und je länger Sie ihn aushalten können, umso schneller wird die Verkrampfung

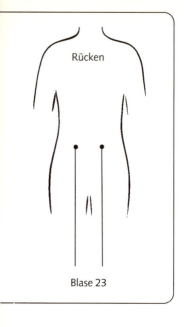

Rücken

Blase 23

nachlassen. Üben Sie den Druck etwa 80 Sekunden lang aus, ohne den Atem anzuhalten, und lassen Sie dann langsam los, wobei Sie Ihr Bewusstsein auf die Auflösung der Verspannung richten.

Verlangsamen Sie jetzt Ihre Atmung auf die halbe Geschwindigkeit. Legen Sie eine Hand flach auf den Bauch und konzentrieren Sie sich darauf, dass Ihr Atem fließend (ohne Pause vor dem Ausatmen), gleichmäßig (mit stetigen, gleich langen Atemzügen), tief (wobei sich der Bauch durch die Bewegung des Zwerchfells beim Einatmen ausdehnt und beim Ausatmen zusammenzieht), glatt (wie eine feine Perlenschnur) und ruhig wird. Wie Sie atmen, so sind auch Geist und Chi. (Und es gibt nichts Schlimmeres, als mit jemandem zusammen zu sein, dessen Geist – oder auch Chi – verklemmt, sprunghaft, ohne Tiefgang, grob und laut ist. Das geht einem wirklich auf die Nerven.)

Vollenden Sie in dieser Weise neun Atemzyklen, nehmen Sie dann die Hand vom Bauch, erheben Sie sie wie ein Minister bei seiner Vereidigung und geloben Sie (wenn Sie mögen) Folgendes:

«Ich gelobe, von jetzt an bei allem ein Tempo vorzulegen, das mir angenehm ist und Freude macht. Je besser mein Rhythmus mir entspricht und je mehr Freude ich daran habe, umso schneller und effektiver bin ich auf die Dauer. Jeder gute Ski-Abfahrtsläufer wird mir das bestätigen!»

Legen Sie zum Schluss, während Sie an all die Dinge denken, die Sie als Nächstes erledigen müssen, und an die Zeit, die Sie dafür eingerechnet haben, Ihre Hände vor der Brust zusammen und stellen Sie sich dabei vor, dieser Zeitraum läge zwischen Ihren Handflächen, sein Anfangs- und Endpunkt in jeweils einer Handmitte. Ziehen Sie nun die Hände langsam auseinander, als würden Sie die Zeit dehnen, bis Ihre Hände um Armesbreite voneinander entfernt sind, und sagen Sie:

> «Von jetzt an will ich die Zeit so strecken, dass mir alles leicht und mühelos, ja geradezu wie durch ein Wunder gelingt und Freude macht. Ich bin erstaunt, wie viel ich auf diese Weise schaffen kann.»

Und mit Recht.

BEFREIUNG
VOM SYSTEM

25

Das ist ganz leicht. Es gibt nämlich kein System. Sie bilden sich das bloß ein.

Das so genannte System sind in Wirklichkeit sechs Milliarden Leute weltweit, die es irgendwie geschafft haben, in die Fußstapfen einer langen Ahnenreihe zu treten, die mit der Zeit immer besser darin geworden ist, sich mehr oder weniger effektiv zu organisieren, indem sie Gruppen bildete und innerhalb der Gruppen Untergruppen und innerhalb der Untergruppen wieder Untergruppen und so weiter. Einige davon wurden irgendwann «Behörden» genannt, andere «multinationale Konzerne», wieder andere «die Polizei» oder «die Armee», manche «Finanzamt», «Gesundheitswesen» oder «Verkehrsbetriebe» und manche «Kaufhaus» oder «Tante-Emma-Laden». Aber diese Gruppen und Untergruppen mit ihren Logos und Markennamen, ihren Uniformen und ihrem hochtrabenden Gerede bestehen, ob sie sich nun gekonnt präsentieren oder nicht, aus nichts anderem als Menschen. Menschen, die lieben und fürchten, die schlafen und aufwachen, zur Arbeit gehen und nach Hause kommen, geboren werden und sterben, Menschen wie du und ich.

Sich als Spezies zu organisieren ist völlig natürlich und sichert das Überleben. Wir sind miteinander verbundene und voneinander abhängige Lebewesen. Und davon ist niemand ausgenommen, wie sehr er sich auch anstrengen mag. Sie gehören ebenfalls dazu. Auch Sie sind das System. Sich vom System als solchem frei machen zu wollen heißt, von sich selbst frei werden zu wollen. Und das ist fürs Erste vollkommen unmöglich. Durchschauen Sie stattdessen lieber die Illusion, die Sie selber aufgebaut haben, obwohl viele andere daran mitgewirkt haben mögen, und erkennen Sie, dass es in Wahrheit gar kein System gibt. Es gibt nur jede Menge Leute. Und mit denen wissen Sie ja umzugehen.

Achtsam und höflich, freundlich und wahr,
wach und geschickt kommst du überall klar.

(Sagen Sie: «*Achtsam und höflich, freundlich und wahr, wach und geschickt komm ich überall klar.*»)
Gefühle wie Wut oder Abneigung gegen das, was Sie als System ansehen, was in Wirklichkeit jedoch nur Mitmenschen sind, die sich auf unterschiedlichste Art organisieren, und der Wunsch, sich davon frei zu machen, entstehen wahrscheinlich schon kurz nach der Geburt: wenn Sie gegen Ihre Mutter wüten, weil sie nicht perfekt ist oder sich eines anderen, nicht minder abscheulichen Verbrechens schuldig gemacht hat (sodass Sie sich wünschen, von ihr befreit zu werden).
Halten Sie sich vor Augen, dass das «System» quasi Ihre Mutter darstellt. Denn letztlich werden Sie durch die global organisierten Aktivitäten der Menschen auf diesem Planeten auf die eine oder andere Art am Leben erhalten. Das System ist die Brust, an der Sie trinken, deshalb sollten Sie sich nicht darüber ärgern und sich nicht davon lossagen. Gehen Sie lieber freundlich mit ihm um und sagen Sie: «*Ich liebe dich, Mami.*» Dann wird es auch mit Ihnen freundlich umgehen.

Legen Sie, bis es so weit ist, die rechte Hand flach auf die unteren linken Rippen und führen Sie etwa 81 kleine, schnelle Kreisbewegungen im Uhrzeigersinn aus, immer rundherum, sodass das Fleisch fest gegen die Knochen gerieben wird. Dadurch wird Ihr Milz-Chi angeregt, das aufgrund seiner Verbindung mit dem Element Erde für Ihr Bestreben verantwortlich ist, im Umgang mit anderen Menschen auf dieser Welt möglichst das zu bekommen, was Sie brauchen.

Lassen Sie, wenn Sie mit dem Reiben fertig sind, Ihre Hand dort liegen, bis die erzeugte Hitze in Ihre Milz eingedrungen ist, und sagen Sie:

«Danke schön.»

BEFREIUNG

VON DER SINNSUCHE

«*Ichne laterondi natalion kedumso, ess nachtali inso dus laya in fuschd.*»
Gar nicht so schwer zu lesen, oder? Ich möchte Ihnen verraten, dass es sich hierbei um einen seltsamen, uralten keltischen, mitteleuropäischen oder indogermanischen Zauberspruch handelt, der es ermöglicht, sich für alle Zeiten so viel Geld, Sex oder schöne Schuhe herbeizuwünschen, wie man vertragen kann, und das ohne jeden Haken. Hätte ich das gleich gesagt, wären Sie sicherlich argwöhnisch gewesen, wenn auch nicht unbedingt klüger. Mich allerdings hätte irgendein scharfsichtiger Eierkopf in einem Leserbrief an die Boulevardpresse empört als dummes Zeug faselnden Scharlatan entlarvt und jäh zu Fall gebracht. Doch hätte ich es gleich gesagt, und hätten Sie es geglaubt, würden Sie jetzt bereits über den Sinn des Spruchs nachgrübeln, wozu der meiste Hokuspokus verführt, der dieser Tage unter dem Banner postmoderner «Kultur» verbreitet wird.
Natürlich gibt es einen Sinn. Es liegt ein tiefer Sinn in der Art und Weise, wie das Tao die Wirklichkeit für Sie erstehen lässt, nur müssen Sie aufhören, einen Sinn in allem zu suchen, und stattdessen lieber entspannen, vertrauen, beobachten und wahrnehmen, ohne immer gleich ein endgültiges Fazit ziehen zu wollen. Es gibt kein Fazit. Wir leben in einem ewigen Kontinuum. Wenn Sie sterben, geht die Energie, die Sie waren, einfach in etwas anderes

über und füllt das nächstbeste Vakuum. Nichts geht je zu Ende, es macht nur eine Wandlung durch. Das wird Ihnen jeder kundige Physiker bestätigen. Es geht unaufhörlich rund, ebenso wie die Planeten immer und ewig um die Sterne kreisen. Warum sollte man es dann etikettieren und ordentlich in Schubladen verstauen? Das Tao lässt sich nicht einzwängen.

Das Bedürfnis, die Wirklichkeit in Schubfächer zu sortieren, entsteht, wenn das Milz-Chi, das für die Funktionstüchtigkeit des Verstandes zuständig ist, zu heiß wird und den Schnellgang einlegt. Dann bemühen Sie sich, alle Dinge um jeden Preis intellektuell zu erfassen, und versuchen vergeblich, sie zu ordnen. Wenn Sie jedoch einmal Abstand nehmen, Ihren Intellekt aus der Gleichung heraushalten und den Dingen Raum zur Entfaltung geben, ordnen sie sich ganz von selbst ihrem jeweiligen Tao (Weg) entsprechend in vollkommener Harmonie.

Drücken Sie zur Unterstützung Ihrer guten Vorsätze die Fingerspitzen Ihrer linken Hand, der Sie mit der rechten Hand noch mehr Gewicht geben, dicht unterhalb des linken Rippenbogens in Ihren Bauch, bis Sie einen leichten Schmerz spüren, sobald Ihre Fingerspitzen die unverhältnismäßig stark zusammengepresste Milz erreichen. (Das Milz-Chi überhitzt sich, wenn dieser Bereich zu angespannt und verhärtet ist. Durch die Kontraktion wird Ihnen heißes Chi bis ins Gehirn gedrückt, sodass Sie «zu viel» denken.) Halten Sie den Druck sinnvollerweise höchstens 80 Sekunden lang aufrecht, um dann langsam wieder locker zu lassen. Stellen Sie sich dabei vor, wie all die überschüssige intellektuelle Energie (Milz-Chi) aus Ihrem Gehirn durch Ihren Hals und links hinter Ihrem Herzen in die Milzregion absinkt (die sich gerade unter Ihren Händen entspannt und dadurch mehr Raum bietet, um diese Energie aufzunehmen und zu speichern).

Verkneifen Sie es sich in den anschließenden zwei oder drei Tagen (oder einem anderen nennenswerten Zeitraum), endgültige Schlüsse zu ziehen und das Leben zu etikettieren, zu bewerten oder zu verurteilen: Lassen Sie es sich einfach entfalten, wie es will. Sagen Sie:

> «Je weniger Sinn ich im Leben suche, umso mehr Sinn zeigt sich.»

Und dann sagen Sie:

> «Ichne laterondi natalion kedumso, ess nachtali inso dus laya in fuschd.»

Man weiß ja nie – vielleicht funktioniert es doch.

BEFREIUNG

AUS EINER VERFAHRENEN BEZIEHUNG

Das ist ganz leicht.

Sie sammeln Ihre Klamotten ein, gehen zur Tür, legen die Hand auf die Klinke, drücken sie runter, öffnen die Tür gerade so weit, dass Sie sich selbst und Ihre Sachen hindurchschieben können, drehen sich um und sagen: «Bis dann», drehen sich wieder um – und gehen. Und Sie gehen immer weiter, bis Sie Ihr Auto, ein Taxi oder ein öffentliches Verkehrsmittel sehen, das Sie und Ihre Siebensachen aufnehmen kann, falls Sie nicht den ganzen Weg zu Ihrer Wohnung oder zu einem anderen sicheren Ort zu Fuß zurücklegen wollen, von wo aus Sie dann auf neue Raubzüge gehen und neue Bekanntschaften schließen können. Hüten Sie sich dabei vor der Versuchung, aus eigenem Antrieb oder auf Drängen der Gegenseite zurückzukehren, ehe genügend Zeit für Sie (beide) verstrichen ist, um auf unverfängliche Weise, ohne intim zu werden, wieder miteinander ins Gespräch zu kommen; das bedeutet, über etwaige persönliche Entwicklungen (oder deren Fehlen) vom Augenblick des Weggangs bis zum Wiedersehen, falls Sie (beide) es dazu kommen lassen, reden zu können.

Dazu brauchen Sie allerdings Klarheit (Sie müssen hundertprozentig wissen, dass Sie da rauswollen), Kraft (um Ihre Siebensachen tragen zu können), Entschlossenheit (um trotz des Schmerzes, den der Bruch mit der Beziehung, von der Sie abhängig waren, auslöst, bei Ihrem Entschluss zu bleiben – denn man wird immer bis zu einem gewissen Grad abhängig, wie zerrüttet das jeweilige Verhältnis auch sein mag), Mut (um mit den als schmerzlich empfundenen Veränderungen fertig zu werden), Zuversicht (dass alles wieder ins Lot kommt – für beide), Vertrauen (in die Wirklichkeit, durch die Ihnen alles zuteil werden wird, was Sie brauchen, etwa die Erleichterung, allein zu sein, oder die Freude, jemand anders kennen zu lernen), Willenskraft (um sich hinterher aus dem Weg zu gehen), Kommunikationstalent (um in angemessener Weise miteinander über eine faire Verteilung von Geld und Gütern, beweglichem Eigentum und Immobilien sowie über die Sorgerechte für Kinder und Haustiere – einschließlich Goldfisch und Sumpfschildkröten – zu verhandeln), Mitgefühl (sowohl sich selbst als auch der anderen Seite gegenüber, dass die Veränderungen solche Schmerzen verursachen), Herzensgüte (um die Zeit zu würdigen, die Sie gemeinsam verbracht haben, und weil Sie einsehen, dass es albern wäre, eine kostbare Zeit Ihres Lebens herabzuwürdigen, denn Zeit ist letztlich alles, was Sie haben) und Sinn für Humor (damit Sie, wenn Sie alles zum 86. Mal mit Ihren Freunden bekakeln, hier und da ein paar gute Pointen einstreuen können, um die Leute nicht zu Tode zu langweilen, und Sie am Ende niemanden mehr haben, mit dem Sie den Abend verbringen können).

Nehmen Sie zur Stärkung Ihres Entschlusses – und um die Übergangszeit zu überstehen – anfangs stündlich viele Tropfen des Bach-Blütenmittels «Walnuss» ein und wiederholen Sie, während Sie sie schlucken, so oft *«Jede Veränderung ist gut»*, bis Sie es sich eingeprägt haben wie das Muster auf der Müslischüssel.
Festigen Sie Ihre Emotionen, indem Sie so viele Kräftigungsübungen für

den Oberkörper durchführen (zum Beispiel Liegestütze, den Yoga-Krebs, yogischen Handstand, Hantelübungen, Rudern), wie Sie können und wollen. Suggerieren Sie sich zwischen den jeweiligen Übungsformen oder -kombinationen: «*Ich festige mich jetzt emotional – ich werde diese gesamte Übergangszeit aufrecht durchstehen*», weil es wichtig ist, sich in solchen Zeiten selbst anzufeuern, um das sonst überstrapazierte, emotional überfrachtete Denken zumindest annähernd in gerade Bahnen zu lenken.

Sehen Sie, die Situation ist schrecklich. Es hat keinen Zweck, das zu leugnen. Es ist die Trennung (von irgendjemandem, irgendetwas, irgendwo und irgendwann, im weitesten Sinne also von etwas, das man liebt), die all den Schmerz hier verursacht – wenn man mal von der Grausamkeit der Menschen untereinander absieht, die sich gegenseitig auf die Zehen treten (vielleicht sogar auf den nackten Fuß) oder Ähnliches. Darum hat Buddha so einen Wirbel um das Nichtanhaften gemacht und gelehrt, sie sei die einzige Möglichkeit, Leiden zu vermeiden. Was für den kleinen, dicken Kerl, der ja ein spiritueller Fuchs war, schön und gut gewesen sein mag – er hatte schließlich auch keine zerrüttete Beziehung hinter sich. Für Sie ist es dazu zu spät. Sie hängen bereits fest.

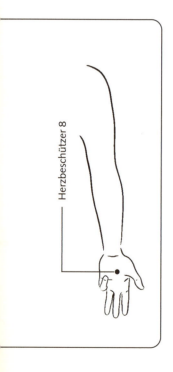

Pressen Sie, während Sie die (vorgestellten) Bande, die Sie fesseln, zerschneiden und fühlen, wie Ihnen ein Stich durchs Herz geht, der Ihr Herzbeschützer-Chi lahm legt, den rechten Daumen fest in die Mitte der linken Handfläche und umgekehrt, um das Chi wieder in Fluss zu bringen. Trösten Sie sich mit der Tatsache, dass Sie in ungefähr 90 Tagen, vielleicht auch ein, zwei Monate früher oder später, wieder vollkommen in Ordnung sein werden. Betrachten Sie die Sache in der Zwischenzeit wie eine schwere Grippe. Die ersten drei Tage sind die schlimmsten, dann klingt sie allmählich ab, auch wenn das Virus vielleicht noch einmal auflebt und Sie das große Flattern kriegen, was in der Regel kaum zu vermeiden ist.

Wiederholen Sie in diesem Fall immer wieder, als handle es sich um das Muster auf dem Tafelgeschirr Ihres Geistes:

«Ich habe die Klarheit, Kraft und Entschlossenheit, den Mut, die Zuversicht und das Vertrauen, die Willenskraft, das Kommunikationstalent, das Mitgefühl, die Herzensgüte und den Sinn für Humor, um in dieser Sache Ausgewogenheit und Großmut gegenüber allen Beteiligten walten zu lassen.

Ich habe die Klarheit, Kraft und Entschlossenheit, den Mut, die Zuversicht und das Vertrauen, die Willenskraft, das Kommunikationstalent, das Mitgefühl, die Herzensgüte und den Sinn für Humor, um in dieser Sache Ausgewogenheit und Großmut gegenüber allen Beteiligten walten zu lassen.»

BEFREIUNG

VON VERLANGEN

Hierfür gibt es drei Möglichkeiten: Treten Sie in ein Mönchs- oder Nonnenkloster ein oder finden eine ähnlich dauerhafte Rückzugsmöglichkeit und verbringen Ihr restliches Leben damit, über das Aufsteigen und Vergehen des Verlangens zu meditieren, indem Sie einfach nur beobachten, bis Sie allmählich immer längere Zeiträume ohne Verlangen nach diesem oder jenem (vor allem Geld, Status, Sex) erleben, die sich irgendwann zu einer langen, ununterbrochenen Erfahrung der Wunschlosigkeit zusammenfügen – zum Nirwana.

Sie können sich auch von jetzt an bis an Ihr Lebensende damit beschäftigen, sich das Gewünschte (Güter, Menschen und Erfahrungen) zu verschaffen, sodass Sie kein Verlangen mehr danach in sich tragen. (Sie haben kein Verlangen mehr nach etwas, das Sie bereits besitzen. Sondern nur nach dem, was Sie nicht haben oder das sich Ihnen derzeit entzieht.)

Oder Sie kombinieren beides und tun, was Sie können, um sich Ihre Wünsche zu erfüllen, während Sie gleichzeitig dem unaufhörlichen inneren Dialog lauschen, der davon handelt, wen oder was Sie sich wünschen, sowie wo, wie und wann Sie haben wollen, was Sie sich wünschen, und wie es sich anfühlt, wenn Sie es haben. Dann erinnern Sie sich, dass das alles ja nur Theater ist und hinter allem Verlangen, egal wonach, Heimweh steckt – die Sehnsucht, mit sich selbst Frieden zu schließen – und dass Ihnen, wenn Sie sterben, von allem, was Sie sich je gewünscht und was Sie je erreicht haben oder besitzen mögen, nichts bleibt, nichts außer diesem Frieden.

Sehnsucht, Gier und Verlangen nach etwas oder jemandem sind nur schmerzhaft, wenn das Milz-Chi schwach ist, das über Ihre Zufriedenheit mit Ihrem derzeitigen Aufenthaltsort, mit der Gesellschaft, in der Sie sich gerade befinden, oder mit der Tätigkeit, der Sie gerade nachgehen, entscheidet. Umgekehrt wird durch Sehnsucht, Gier und Verlangen das Milz-Chi so geschwächt, dass Sie mit Ihrem derzeitigen Aufenthaltsort, mit der Gesellschaft, in der Sie sich gerade befinden, oder der Tätigkeit, der Sie gerade nachgehen, unzufrieden sind und sich nach etwas anderem sehnen, nach etwas anderem verlangen.

Geben Sie sich täglich morgens um elf Uhr (zu diesem Zeitpunkt ist das Milz-Chi besonders empfänglich) einen kleinen Klecks Meerrettich auf die Zungenspitze, dessen Geschmack allein schon genügt, um Ihr Milz-Chi anzuregen. Fügen Sie Hirse, die bekanntermaßen kräftigend auf das Milz-Chi wirkt, Ihrer Nahrung zu, aber tun Sie vor allem mehrmals am Tag Folgendes: Verschränken Sie die Arme vor Ihrer Brust, sodass Ihre Hände fest in den Achselhöhlen klemmen, und üben Sie da, wo die kleinen Finger jeweils auf den Rippen ruhen, so lange

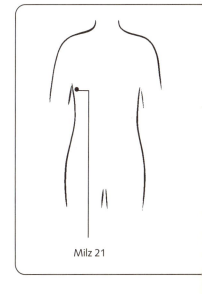

Milz 21

starken Druck aus, wie Sie zur nachstehenden poetischen Gedächtnisauffrischung brauchen, maximal jedoch 40 Sekunden:

«Da, wo ich bin, da bin ich und sollte ich sein.
Bin ich entspannt, ist das, was ich wünsche, mein.»

(Das ist das ganze Geheimnis.)

BEFREIUNG
VON RECHTHABEREI

Recht und Unrecht sind Ansichtssache. Recht und Unrecht sind je nach Situation und Zeitpunkt relativ. Wenn Sie in «Friedenszeiten» jemanden töten, werden die maßgeblichen Hüter des Gesetzes dies als Unrecht einstufen und Sie dafür bestrafen, falls Sie gefasst werden können (und das mit Recht, wenn Sie mich fragen, es sei denn, es war reine Notwehr und Töten die einzige Möglichkeit, sich selbst oder jemanden, den man schützen wollte, vor einem tödlichen Anschlag zu bewahren – mögen weder Sie noch ich, noch irgendjemand anders je in diese Lage kommen!).
Sollten Sie hingegen in «Kriegszeiten» jemanden (von der so genannten «gegnerischen Seite») töten, werden die maßgeblichen Hüter des Gesetzes dies als rechtmäßig einstufen, wenn Sie Uniform tragen und mehr oder weniger bereitwillig Befehlen gehorcht haben, und Ihnen vielleicht sogar einen Orden verleihen. Wenn selbst etwas so Extremes und Abscheuliches wie Mord je nach Umständen das eine Mal als Unrecht und das andere Mal als Recht eingestuft werden kann, sind Recht und Unrecht eindeutig relativ zu sehen.
Das Gleiche gilt für jede Überzeugung, die Sie oder andere vertreten. Anders ausgedrückt: Es ist Ansichtssache, ob etwas unter bestimmten Umständen richtig oder falsch ist. Wenn Sie die Umstände unberücksichtigt lassen und das Thema einmal abstrakt

angehen, werden Sie feststellen, dass eine Überzeugung nicht richtig oder falsch ist, sondern richtig *und* falsch. Ihre Vorfahren, Ihre Eltern, Ihre Lehrer, Ihr Pfarrer, Ihre Idole, Ihre Rollenvorbilder, Ihre Ärzte, selbst Ihr Barfußdoktor, Ihre Freunde und Ihre Feinde – sie alle haben über viele Jahre hinweg Überzeugungen und Ansichten vertreten, die richtig und falsch zugleich waren, und Sie selbst natürlich auch.

Befreiung, die Freiheit, jeden Augenblick so zu genießen, wie er ist, werden Sie nur erlangen, wenn Sie aufhören, sich ein Urteil im Sinne von Recht und Unrecht zu bilden, und nicht länger das eine dem anderen vorziehen. Sobald Sie einsehen, dass alle Begebenheiten nur Erscheinungsbilder im kosmischen Spiegelsaal sind und das angeblich Gute oder angeblich Schlechte von der jeweiligen Perspektive, vom Licht und von der Umgebung abhängt, verteidigen Sie Ihre Ansichten nicht mehr vehement gegenüber Menschen, die anderer Auffassung und Überzeugung sind (es sei denn, Ihr eigenes Leben oder das Leben anderer, zu deren Schutz Sie sich verpflichtet haben, hinge aus unvorhersehbaren Gründen davon ab), weil Sie nicht länger Recht haben müssen. Sie können auch getrost Unrecht haben. Es spielt keine Rolle mehr. Sie können sich darauf einigen, dass Sie verschiedener Meinung sind.

Um solche Einsicht im Umgang mit anderen zu zeigen, müssen Sie allerdings das Chi in Ihren Nieren daran hindern, wie ein heißer Wind in Ihre Brust aufzusteigen, denn dadurch werden Sie vor lauter Selbstüberschätzung aufgebläht wie ein Windbeutel. Das liegt an einer Disharmonie von Feuer und Wasser (bzw. Herz und Nieren), die Sie beheben können, indem Sie dem Folgenden folgen:

Trommeln Sie mit den Fingerspitzen in schnellem Wirbel auf die Innenseite Ihrer Fußgelenke, jeweils 60 Sekunden pro Fuß, um Ihr Nieren-Chi zu wecken. Pressen Sie dann den Daumen und die Finger jeder Hand zu einer Art Schnabel zusammen und führen Sie mit den beiden Schnabelspitzen einen weiteren Trommelwirbel aus, dieses Mal auf Ihrer Brustmitte, und treiben Sie damit den heißen Wind (der Aufgeblasenheit) aus. Legen Sie danach Ihre Hände auf die Hüften und üben Sie mit den Daumen dicht neben den Strängen, die etwa 5 cm rechts und links der Wirbelsäule verlaufen, Druck aus, bis Sie einen starken, aber angenehmen Schmerz spüren. Erhalten Sie den Druck maximal 70 Sekunden aufrecht und lassen Sie dann langsam nach, sodass sich der Nierenbereich entspannt und ein wenig Raum schafft, in dem sich der von den flotten Trommelwirbeln aufgewirbelte heiße Wind fangen kann.

Tai-Chi-Anhänger lernen, in Verlust zu investieren, in die Kunst, sich selbst nicht mehr so wichtig zu nehmen, sich vom Selbst zu befreien, um keinen Schmerz und keine Demütigung zu empfinden, wenn sie ein gegnerischer Schlag trifft, weil niemand mehr da ist, der diese Gefühle haben könnte. Wenn Sie leer sind, ist Ihr Geist empfänglich für das, was Ihr Gegner im nächsten Moment zu tun gedenkt, und dann können Sie diese Spur aufnehmen und ihm zuvorkommen. (Das nennt man: «von hinten die Führung übernehmen».)

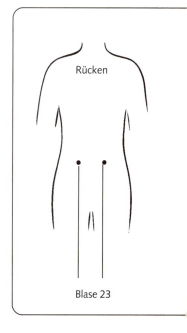

Rücken

Blase 23

Schütteln Sie nun Ihre Hände, als würden Sie alles Gefühl aus den Fingerspitzen herausschütteln, und sagen Sie, wenn Sie sich weitgehend leer fühlen:

«Ich bin nicht hier, um Recht zu haben. Ich bin nicht hier, um Unrecht zu haben. Ich bin einfach hier, um zu sein.»

Habe ich Recht?

BEFREIUNG
VON SUCHT

Vergessen Sie's. Ich hänge selbst so stark an allem Möglichen, dass ich Ihnen in diesem Punkt nicht helfen kann. Ich hänge an diesem Planeten, an Menschen, am Atmen, an der Liebe, Sicherheitsgefühlen, Wärme, Kameradschaft, Sex, Kommunikation, Essen, Tee, Wasser, Fruchtsaft, Musik, Arbeit und Erfolg, am Reisen, an Spannung und Adrenalin, am Denken, an Tai-Chi, an angenehmen Gefühlen, an meinem guten Aussehen (subjektiv) und Wohlgeruch, an Bequemlichkeit, Kultur, Kleidung und Geld, an der Umweltverschmutzung in der Stadt (ich könnte schwören, dass ich hier draußen bereits Blei- und Ruß-Entzugserscheinungen zeige), an Zeit, Gesundheit und Meditation, an einem gelegentlichen Tropfen Scotch (oder Irish Malt) und ab und zu an einem Quäntchen THC, an Akupunktur, am Leben ganz allgemein und sogar an diesem alten, kalten Steinschuppen auf seinem sonnenhellen, (stabgereimten) wilden, windigen, winterlich wundersamen walisischen Berghang. Meist bin ich (wie Sie und beinahe jeder hier, soweit ich das sehen kann) nach noch viel mehr süchtig. Nach allem, was ich mag.

Ich kann Ihnen zwar helfen, sich davon zu befreien, sich Sorgen über die Sucht zu machen, aber es ist unmöglich, sich der Sucht selbst zu entledigen. Sucht ist ein entscheidender Faktor der menschlichen Evolution. Das Verlangen nach mehr (mehr Spannung, mehr Zufriedenheit, mehr Bequemlichkeit, mehr Luxus, mehr Zeit, mehr Frieden, mehr Liebe und natürlich mehr Geld) ist es, das uns dazu antreibt, Fortschritte zu machen und bessere Werkzeuge, bessere Methoden, bessere Ideologien, bessere Kommunikations- und Organisationsmöglichkeiten, bessere Gesetze, bessere Infrastrukturen und bessere Verteidigungsstrategien gegen Leute zu entwickeln, die alles, was besser ist, an sich reißen oder zerstören wollen.

Sicher scheint es bisweilen so, als vollziehe sich der Prozess allgemeiner Verbesserungen mit einer geradezu unerbittlich schwerfälligen Langsamkeit. Zum Beispiel lebt die Mehrheit der Weltbevölkerung noch immer unterhalb der Armutsgrenze, während eine Minderheit (wir) wie Maden im Speck lebt (und darüber klagt, wie verdammt schwer das Leben doch ist, dass die Züge nicht pünktlich fahren, dass die aus Sicherheitsgründen schleppende Abfertigung auf den Flughäfen unerträglich ist, nicht viel Gutes im Fernsehen läuft und die Immobilienpreise absolut lächerlich sind). Viele (zu viele) kaputte, gefühllose, total übergeschnappte, gewalttätige Leute leben nach wie vor zwanghaft ihre eigenen Verirrungen aus; Korruption und Dummheit globalen Ausmaßes haben allmählich alle Gesellschaftsschichten von der höchsten Regierungsebene bis ganz unten erfasst; wir legen bei der Entwicklung und Nutzung erneuerbarer Energien noch immer ein Schneckentempo vor; und die unübersehbare Unersättlichkeit der Rüstungsindustrie gibt weiterhin dem «Bedürfnis» Nahrung, dass irgendwo auf dem Planeten Kriege «aufflammen» (natürlich möglichst weit entfernt von den Zentren der Rüstungsindustrie, damit die Gewinne, die sie einfährt und die zusammen mit dem Devisenhandel, dem Aktien- und Wertpapiergeschäft, der Pornographie, der Prostitution, dem Drogenhandel, der Technologie, der Lebensmittelbranche und der Erdölindustrie die Weltwirtschaft in Gang halten, nicht gefährdet werden).

Trotzdem sind wir, wenn wir die Geschichte einmal rückblickend betrachten, seit den Tagen (und Nächten) unseres Höhlendaseins weit gekommen. Insofern ist Ihre Sucht nach mehr Leben und überhaupt mehr von allem letztlich eine gesunde Sache. Und daran gibt es gar keinen Zweifel – Sucht ist schon zum Zeitpunkt Ihrer Zeugung organisch in Ihren Schaltkreis eingebaut worden, als sich eine Zelle teilte, weil eine einzige einfach nicht ausreichte, und sie sich dann noch einmal und immer wieder teilte, bis so viele Zellen da waren, dass sie nicht mehr bequem im Uterus Ihrer Mutter Platz hatten und Sie geboren wurden. Probleme gibt es erst, wenn Ihre Suchtgewohnheiten aus dem Gleichgewicht geraten, wenn Sie Ihr ganzes Verlangen nach mehr auf eine einzige Sache konzentrieren und alles andere ausblenden – beispielsweise immer mehr von einer Droge haben wollen, bis Sie nichts anderes mehr wollen oder tun können (auch nicht mehr essen) und sterben.

Wir reden hier folglich von Suchtmanagement (vom Umgang mit Drogen, Tabak, Alkohol, Pornographie, destruktiven Beziehungen, Sex, Masturbation, Schmerzmitteln, Geld, Arbeit, Einkaufen, Ladendiebstahl, Chips, Schokolade, Zucker, Magersucht, dem lustvollen Zufügen oder Ertragen von körperlichen Schmerzen und so weiter und so fort), durch das ein Ausgleich erzielt werden soll und Sie auch nach solchen Dingen süchtig werden wie täglicher Bewegung, Yoga, Tai-Chi, Meditation, Akupunktur, Massage, Reflexzonenbehandlung, Psychotherapie, nach positivem Denken, kreativem Schaffen, der Freundlichkeit anderen gegenüber, der Freundlichkeit anderer Ihnen gegenüber oder Ihrer Freundlichkeit sich selbst gegenüber, um nur einige Beispiele anzuführen. So lange, bis Sie bei und nach erfolgreicher Weiterführung dieser Art von Management merken, dass Ihre Sucht kein Problem mehr darstellt, schließlich ganz aus Ihrem Bewusstsein entschwindet und damit (so könnte man sagen) nicht länger existiert. Dieses wiedergewonnene Gleichgewicht bringt die Befreiung.

Wie Ihnen jeder alte Taoist bestätigen wird, können Sie den Suchtausgleich, durch den sich das konzentrierte Verlangen (nach mehr) gleichmäßig auf alle Früchte (und Gewürze) im Korb verteilt, am besten bewerkstelligen, indem Sie damit aufhören, sich immerfort mit den negativen, destruktiven Aspekten Ihrer selbst zu beschäftigen, und sich stattdessen auf das Positive und Neue konzentrieren. Denn das, worauf Sie sich konzentrieren, wächst.

Mit anderen Worten: Richten Sie Ihre Aufmerksamkeit auf die Stärkung und Entwicklung positiver Suchtgewohnheiten, und die negativen hören auf, ein Problem zu sein. Denn welcher Art Ihre Sucht oder Ihr Suchtcocktail auch sein mag, ob Sie sich einen Schuss setzen, kiffen, schnupfen, schlemmen, saufen oder sonst was tun, Sie zeigen damit (unbewusst) nur wieder Ihr Verlangen nach der Brust (Ihrer Mutter – der «Großen Mutter», des Tao oder wie Sie es nennen wollen) und saugen daran.

Das ist der Grund dafür, warum Sie (unbewusst) die Säuglingsgefühle so gern wiederaufleben lassen, waren sie doch für Sie der erste greifbare, intuitiv empfundene Trost, der den Verdruss und die Tränen Ihres Neugeborenenhungers und Ihrer Isolation (im Kinderbettchen) zu stillen vermochte. Sie wurden an gute alte Zeiten erinnert (als Sie noch im Mutterleib herumschwammen, bevor Sie dazu zu groß waren), an die kostbaren Stunden, die Sie für sich selbst hatten (in den Armen Ihrer Mutter oder einer anderen Person) – und seitdem sind Sie süchtig. Sie halten also (unbewusst) an Ihrer Sucht fest, um den Augenblick wieder zu erleben, in dem Sie mit sich selbst, mit dem Tao (oder derjenigen, die für Ihr Wohl sorgte), in Berührung sein konnten.

Je öfter Sie von nun an andere, gesündere Möglichkeiten der Selbstfindung erforschen und pflegen, desto mehr lässt Ihr Verlangen nach, den Akt des Trinkens an der Mutterbrust unbewusst in destruktiver Art zu wiederholen. Umgekehrt erfährt Ihre Seele, sowie Sie sich allmählich bewusst werden, dass Ihr destruktives

Verhalten nur eine Ersatzhandlung für das Trinken an der Mutterbrust ist, den Beistand des Tao, der «Großen Mutter» oder Ihres höheren Selbst. Dann sind sogar destruktive Gelüste (Ihrerseits) meditative Augenblicke, die Ihnen Kraft spenden können.

Ebenso wie Reiki-Heiler vor einer Mahlzeit Energie in ihre Nahrung channeln und die Menschen vieler Religionen vor dem Essen ein Tischgebet sprechen, können auch Sie, bevor Sie einen Joint rauchen oder eine Prise Koks schnupfen, erklären: *«Ich tue das, um mit meinem höheren Selbst in Berührung zu kommen.»* Dadurch wird immerhin der psychologische bzw. energetische Schaden, der durch die entsprechenden Schuld- und Schamgefühle entsteht, begrenzt. Sie werden merken, dass die «Spiritualisierung» Ihres Tuns, wie destruktiv es auch sein mag, Ihr höheres Selbst, Ihre Seele (mit anderen Worten: Ihren Gott) ins Spiel bringt und Sie schließlich mit ziemlicher Wahrscheinlichkeit genau danach süchtig werden. Anders ausgedrückt: Je mehr Zeit Sie mit etwas verbringen, das gut für Sie ist (zum Beispiel die Befreiung von der Sorge um die Sucht), umso weniger Zeit haben Sie für die Dinge, die das nicht sind. Der Tag hat nur 24 Stunden, wird jedenfalls behauptet.

Fangen Sie gleich an, indem Sie sich langsam erheben und die Füße so stellen, als stünden Sie auf Eisenbahnschienen. Beugen Sie die Knie, sodass Ihr Becken etwas nach vorne kippt, strecken Sie den Nacken, senken Sie das Kinn zur Brust, entspannen Sie die Schultern und atmen Sie, die Zunge am Gaumen, gleichmäßig, fließend und tief. Lassen Sie nun die Arme maximal 180-mal langsam aus den Schultern heraus auf und ab schwingen, wobei die Handflächen bei der Aufwärtsbewegung nach oben und bei der Abwärtsbewegung nach unten weisen sollten, und atmen Sie beim Heben der Arme ein und beim Senken aus.

Sagen Sie sich selbst jedes Mal, wenn Sie einatmen:

«Ich sättige mich mit heilsamem Chi.»

Empfinden Sie das auch so, während das Chi Ihre Brust füllt. Sagen Sie beim Ausatmen jedes Mal:

«Ich wähle meine Sucht selbst.»

Wiederholen Sie diese Übung 90 Tage lang, und Sie werden in null Komma nichts vollkommen süchtig danach sein und in Ihrer Freizeit nichts anderes mehr machen wollen, als dazustehen und mit den Armen zu schwingen. Eines Tages werden Sie mit einem Blick auf Ihr Leben voller Genuss sagen:

«Nichts kann mir noch etwas bringen ohne dieses Schwingen.»

BEFREIUNG

VOM GEFÜHL SEXUELLER UNZULÄNGLICHKEIT

Um den Verkauf anzukurbeln, gute Quoten zu erzielen und um ihre Produkte abzusetzen, füttern uns diejenigen, die über den Inhalt von Zeitungen, Büchern, Fernseh- und Radiosendungen, Werbespots und Filmen redaktionell entscheiden, offen oder unterschwellig mit der Menge an sexuellen Inhalten, die ihrer jeweiligen Produktform gerade angemessen ist. Das heißt: Weniger populäre Arten der Geistesnahrung wie etwa seriöse Zeitungen werden mit unbedeutenden Prisen Sex gewürzt, beliebtere Medien wie das Fernsehen hingegen mit erheblich mehr.

Das liegt daran, dass mit wenigen Ausnahmen jeder auf diesem Planeten irgendwann in seinem Leben einmal zutiefst von Sex fasziniert war oder ist – vom Sex mit sich selbst, Sex mit anderen und vom Sex anderer. Der (unbewusste) Grund hierfür könnte sein, dass uns Sex ebenso wie Drogen sofort in einen veränderten Bewusstseinszustand versetzen kann, in dem wir vorübergehend unseren Schmerz vergessen und mit dem unsichtbaren, aber machtvollen Bereich der Empfindungen in Berührung kommen, wo das Tao besonders leicht zu spüren ist. Das ist es, was jeder instinktiv fühlen will, ob er sich darüber im Klaren ist oder nicht.

Es könnte aber auch daran liegen, dass wir Tag für Tag viel Energie in dem meist erfolgreichen Bemühen unterdrücken, den allmächtigen Sexualtrieb so gut wie möglich zu sublimieren oder umzulenken. Andernfalls würde er uns in einer hypothetischen Welt ohne sozialen Sittenkodex und gesellschaftliche Spielregeln dazu verleiten, mit jedermann und jederfrau zu koitieren, die unser Interesse weckten, sodass wir nichts anderes mehr geregelt bekommen würden. Aber was geschieht mit all der unterdrückten Energie? Sie muss etwas finden, auf das sie sich richten kann. Etwas Gefahrloses, das uns nicht in Schwierigkeiten bringt. Und so verlegen wir uns darauf, über Sex zu lesen, die Ohren zu spitzen, wenn Leute darüber reden, und hinzuschauen, wenn andere miteinander flirten oder schlafen (in der Werbung, im Fernsehen und im Film). Sexualität ist ein Urtrieb der Natur, sie hält die Welt in Gang. Sie lässt sich nicht ignorieren und wird sich stets auf die eine oder andere Art Aufmerksamkeit verschaffen, ob man es will oder nicht. Kurz gesagt: Wir haben eine Verlags-, Medien- und Werbeindustrie, die Sex braucht, um ihre Produkte zu verkaufen, und wir fallen auch samt und sonders darauf herein (selbst die Leute, die im Verlagswesen, im Medienbereich und in der Werbung arbeiten – wir haben alle den gleichen Trieb!). Und wir wissen es.

Bei all der Konzentration auf Sex bleibt es jedoch nicht aus, dass unweigerlich auch eine Menge Unsinn darüber erzählt wird, besonders in den letzten zehn Jahren. So ist die menschliche Gesellschaft nun einmal. Als Kollektiv einigen wir uns kulturell stets auf den kleinsten gemeinsamen Nenner, und im Allgemeinen ist es der Unsinn, sind es die Emotionen im Gegensatz zum rational Überlegten, die sich in der Gruppenpsyche durchsetzen. Dem könnten verständige Lehrer natürlich entgegenwirken, indem sie ihre Schüler vom zartesten Alter an einfühlsam, umfassend und sachlich über jeden Aspekt der Sexualität aufklären, um von Anfang an zu verhindern, dass sich Unwissenheit breit macht.

Aber solange diese Zeiten noch nicht angebrochen sind und der gesunde Menschenverstand sich noch nicht durchgesetzt hat, laufen wir verwirrt durch die Gegend, den Kopf voll gestopft mit unrealistischen Erwartungen darüber, wie unsere sexuellen Beziehungen sein sollten – Erwartungen, denen wir letztlich gar nicht entsprechen können. Dadurch wird bei allen Beteiligten ein tief sitzendes Gefühl sexueller Unzulänglichkeit ausgelöst, das ein unnötiges Unbehagen verursacht. Dieses Unbehagen tragen wir in unsere sexuellen Beziehungen hinein, und dann läuft es wie bei jeder sich selbst erfüllenden Prophezeiung: Wir (oder unsere Partner) bekommen das Gefühl, uns mit drittklassigem Sex begnügen zu müssen.

Es gibt selbstverständlich immer ein paar Leute, bei denen es in bestimmten Lebensabschnitten mit gewissen Partnern richtig funkt und deren Sex folglich wahrhaft göttlich ist. Bei manchen Paaren wird das Sexualleben mit der Zeit immer besser, und sie schwören, dass sie nicht einmal ans Fremdgehen denken. Einige können es zehnmal am Tag, und das tagein, tagaus. Andere Männer (und Frauen) kennen den Körper ihrer Partnerin (ihres Partners) in- und auswendig, wissen, wo der G-Punkt und ähnliche Stellen liegen, und vergnügen sich glückselig Stunde um Stunde, ohne sich oder ihre Partnerin (ihren Partner) zu langweilen. Sie tun hemmungslos alles, was man sich nur vorstellen kann, sodass sie noch tagelang daran denken oder ihren Freunden davon vorschwärmen müssen.

Derart göttlicher Sex ist natürlich extrem selten. Die Medien haben allerdings so erfolgreich den Mythos verbreitet, er sei die Norm, dass auch Sie jetzt voller unrealistischer Erwartungen an sich selbst, an andere und an Sexualität überhaupt durch die Stadt laufen, sich mit der angeblichen Norm vergleichen und an ihr messen (bisweilen buchstäblich) und schließlich unweigerlich mit einem Gefühl der Unzulänglichkeit dastehen.

Das Gefühl ist falsch. Es sei denn, Sie glauben daran. (Denn was Sie glauben, das wird sich auch bewahrheiten.)

Sex ist wie Tanzen eine Form, sich selbst auszudrücken, die Sie (hoffentlich) mit einem Gleichgesinnten teilen. Das eine Mal wollen Sie sich mit Ihrer ganzen Persönlichkeit einbringen, das nächste Mal nur mit einem Teil. Manchmal wollen Sie Ihre dunkle, manchmal Ihre helle Seite zum Ausdruck bringen. Das eine Mal haben Sie das Gefühl, voller Liebe zu sein, das andere Mal empfinden Sie sich als richtiges Scheusal. Es gibt keine Regeln.

Es kann auch keine Regeln geben. Bedenken Sie nur einmal all die Dinge, die Ihr Sexualleben beeinflussen können – von Schwankungen im Hormonkreislauf über die Jahreszeit, das Klima, Ihren Gesundheitszustand, Ihre Geistesverfassung, Stress, ein unbeständiger Energiepegel, Tage, an denen die Haare nicht sitzen, Komplexe, Verstimmungen, Erwartungen, andere Gerüche und Sekrete bis hin zu Umweltveränderungen (physischen und psychischen), der Angst vor Krankheit oder Abhängigkeit, den üblen Auswirkungen schlechter Kommunikation, Problemen, die aus früheren Beziehungen oder einem sexuellen Trauma herrühren, und seltsamen Gelüsten, die aus dem Nichts aufzusteigen scheinen –, nehmen wir all diese Variablen und multiplizieren sie mit zwei (oder mehr, je nachdem, worauf Sie stehen), dann ist es ein reines Wunder, dass wir überhaupt lustvolle sexuelle Beziehungen zu anderen Menschen unterhalten können.

Ihre sexuellen Aktivitäten auf diesem Planeten – Ihre Potenz, Ihre Kraft, Ihr Hunger, Ihre Ausdrucksfähigkeit, Ihr Reaktionsvermögen, Ihre Leistung, Ihre Ausdauer, Ihre Einfühlsamkeit, Ihre Lust, Ihre Neugier, Ihr Erfindungsgeist und Ihre Erregung – richten sich samt und sonders nach der Stärke und Qualität des in Ihren Nieren erzeugten Chis. Wenn Ihr Nieren-Chi stark ist und fließt, findet der Sexualtrieb der jeweiligen Situation entsprechend seinen befriedigenden Ausdruck. Ist Ihre sexuelle Energie schwach, findet er ihn nicht. Wie sich das praktisch auswirkt, hängt von den oben erwähnten Einflussgrößen ab. Aber egal, welche es sind, eins ist sicher: dass Ihr sexuelles Selbstvertrauen und Ihr Geschlechtstrieb allmählich zunehmen werden, wenn Sie ein paar Tage lang die folgenden Übungen zur Kräftigung Ihres Nieren-Chis ausführen. Aufzuzählen, was Sie später damit anfangen können, würde den Rahmen dieses Buches sprengen.

Stemmen Sie die Hände in die Hüften und üben Sie mit den Daumen kräftigen Druck auf die Punkte in etwa 5 cm Abstand zur Wirbelsäule dicht neben den daran verlaufenden Muskelsträngen aus, die Ihnen inzwischen mehr als vertraut sein müssten, wenn Sie dieses Buch der Reihe nach gelesen haben. Drücken Sie, bis Sie einen starken, aber angenehmen Schmerz spüren, der unter Umständen bis zum Kreuzbein ausstrahlt, und halten Sie den Druck 70 bis 80 Sekunden aufrecht, ehe Sie nachlassen und die Daumen lockern. Die dadurch bewirkte Entspannung der Nieren ist der erste Schritt zur Kräftigung und qualitativen Verfeinerung des dort produzierten Chis.

Reiben Sie nun mit den Handrücken lebhaft und kräftig über dieselben Punkte, jeweils ungefähr 5 cm nach oben und nach unten, um starke Hitze zu erzeugen. Halten Sie die Hände danach still und lassen Sie die Hitze ausstrahlen und von den Nieren bis in die Füße dringen.

Reiben Sie als Nächstes die Handflächen

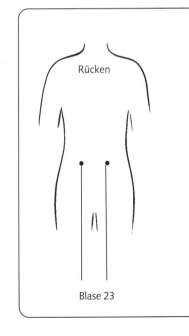

Blase 23

aneinander, bis sie heiß sind, legen Sie die Hände dicht nebeneinander aufs Schambein, wobei Sie die Finger zwischen die Schenkel schieben, und lassen Sie erneut die Hitze eindringen.

Streichen Sie anschließend mit den Händen über die Oberschenkel, dann an den Schenkelaußenseiten hinab über die Außenseite der Knie, unter den Knien entlang und an der Innenseite der Schenkel wieder aufwärts bis zum Damm, wo Sie die Übung von neuem beginnen. Bei Beherzigung aller vorangegangenen Ratschläge müssten neun Zyklen dieser Art genügen, um «den Drachen zu wecken», das sexuelle Feuer in Ihren Lenden.

Wenn Sie die gesamte Übung 90 Tage lang täglich wiederholen, stabilisiert sich die Libido, sodass Sie besser mit sich selbst und Ihrem Partner harmonieren. Außerdem wird Ihr starker Sex-Appeal potenzielle Partner magisch anziehen.

Um diese Wirkung noch zu verstärken und weil es immer so sein wird, wie Sie es sehen, sollten Sie Folgendes so lange wiederholen, bis Sie es auswendig können und sich tief eingeprägt haben:

> «Wie ich es sehe, soll es sein. Von jetzt an betrachte ich mich als begehrenswerten Menschen mit gesunden sexuellen Funktionen, und deshalb bin ich auch einer. Andere, insbesondere Sexualpartner, sehen mich genauso. Ich bin im Grunde ein so begehrenswerter Mensch mit so gesunden sexuellen Funktionen, dass ich fast schon zu sexy bin.»

BEFREIUNG
VON SELBSTMÖRDERISCHEN TENDENZEN

[Bei diesem Thema geht es nicht um die Menschen, die aus medizinischen Gründen, rechtlich abgesichert durch eine Patientenverfügung, freiwillig aus dem Leben scheiden wollen.]
Eine Möglichkeit, sich von dieser Neigung ein für alle Mal zu befreien, besteht darin, ihr bis zu ihrem logischen Schluss nachzugeben und sich umzubringen. Allerdings sollten Sie sich nicht gerade in einer Menschenmenge in die Luft jagen oder den Crash irgendeines Verkehrsmittels verursachen, das Sie zu diesem Zweck gekapert haben – vor allem dann nicht, wenn Ihre Mitreisenden ihr Leben gar nicht mit Ihnen zusammen beenden wollen.
Selbst wenn Sie die Sache privat hinter sich bringen, so bleiben doch Menschen zurück, die das Gefühl haben, dass ein Teil von ihnen verletzt oder getötet worden ist, wodurch sie ihr Leben lang gezeichnet sein werden – Menschen, die Sie lieben und die auch Sie in irgendeinem Winkel Ihrer Seele lieben. Sollten Sie der Meinung sein, von niemandem geliebt zu werden, so vergeben Sie, wenn Sie Hand an sich legen, jede Chance, doch noch einmal der Liebe zu begegnen: Denn Gelegenheiten zum Lieben und Geliebtwerden bieten sich unaufhörlich – man muss nur die Augen dafür öffnen.
Der Augenblick, in dem es in Ihrem Innern schwärzer aussieht als in der dunkelsten Nacht, in dem Ihr Zorn auf die Welt und das daraus resultierende Bedürfnis, sie strafen zu wollen, beißender ist

als ein ganzes Nest voller Schlangen, in dem Ihre Zukunftsaussichten düsterer sind als die Nachtsicht eines blinden Maulwurfs – der Augenblick, in dem Sie den absoluten Tiefpunkt erreicht haben, ist auch genau der Augenblick, in dem Trost und Gnade in Ihr Energiefeld eintreten. Wenn Sie also jetzt allem ein Ende machen, können Sie sicher sein, dass sich, hätten Sie's nicht getan, bald ein Lichtstreif am Horizont gezeigt hätte. Nur dass Sie nicht mehr da wären, um ihn zu sehen, zu fühlen, zu riechen, zu hören, zu schmecken oder so wahrzunehmen, wie Sie Licht wahrzunehmen pflegten, als Sie noch so privilegiert waren, einen menschlichen Körper zu besitzen, mit dem Sie solche Dinge erfahren konnten. Und Sie könnten es sich auch nicht noch einmal überlegen und wieder zurückkehren. Sie hätten nicht einmal mehr einen Geist, um es sich anders zu überlegen. Sie wären weg.

Natürlich liegt die Entscheidung – wie immer – bei Ihnen selbst. Doch in Anbetracht des ungeheuren Mutes, den die Planung und Vollstreckung des eigenen Todes erfordert, sollten Sie vielleicht, ehe Sie etwas tun, was nicht mehr rückgängig zu machen ist, so vernünftig sein und einmal in aller Ruhe überlegen, wie Ihr Leben wäre, wenn Sie all diesen Mut konstruktiv einsetzen würden.

Wenn Sie zum Beispiel zu Papier bringen würden, wie Sie sich den künftigen Verlauf Ihres Lebens vorstellen könnten, sofern Sie ihm kein Ende machten, einschließlich Ihrer Erleichterung und Freude darüber, noch am Leben zu sein (denn Sie wären doch bestimmt erleichtert und froh, noch am Leben zu sein, oder?), und inklusive all der verschiedenen Faktoren, die dies ermöglichen würden. Wenn Sie darüber hinaus sich selbst visualisieren würden, wie Sie diesen ungeheuren Mut dazu verwenden, sich Ihr Leben einzurichten (so, wie Sie es gern hätten, wenn Ihnen jetzt alle Wünsche erfüllt würden – und ich meine wirklich alle), dann würden Sie ohne Zweifel feststellen, dass sich bereits in der kurzen Zeitspanne, in der im anderen Fall Ihr Körper längst zu verwesen und unglaublich übel zu stinken begänne, in Ihrem Leben eine Wende zum Besseren vollzieht.

Daran ist nichts Geheimnisvolles. Nach dem altehrwürdigen Gesetz von Yin und Yang folgt auf Dunkelheit stets Licht und umgekehrt. Außerdem wirken sich die Zeiten im Leben, in denen Sie sich der Dunkelheit stellen, ohne wegzulaufen, unmittelbar danach meist besonders segensreich aus. Aber vielleicht sind Sie in dieser Angelegenheit einfach zu ungeduldig, während ich zu sentimental bin. Ihr Leben ist schließlich nur eines in einer Welt von sechs Milliarden, was soll also das ganze Theater?

Nur halte ich, wie die meisten anderen, dieses Leben für das Wunderbarste, was wir wohl jemals miterleben können – und da die ganze Sache in Hinblick auf die Ewigkeit nur einen kosmischen Wimpernschlag dauert, also aus und vorbei ist, ehe man sich's versieht, erscheint es zumindest übereilt, es noch mehr zu verkürzen, wie furchtbar sich die Dinge im gegenwärtigen Augenblick auch darstellen mögen. Mit anderen Worten: Jedes Leben ist kostbar und erhaltenswert, wenn es nur irgendwie möglich ist.

Um sofort den Lebensmut zu wecken, legen Sie bitte Ihre rechte Hand dicht unter den linken Rippenbogen, geben Sie ihr mit der linken Hand noch mehr Gewicht und üben Sie mit den Fingerspitzen mindestens 80 Sekunden lang Druck auf diese Stelle aus, bis Sie einen starken, aber angenehmen Schmerz spüren. Dann langsam wieder lockerlassen. Dadurch wird Ihr Milz-Chi aktiviert, das aufgrund seiner Zugehörigkeit zum Element Erde für die Aufrechterhaltung Ihrer energetischen Verbindung mit diesem Planeten verantwortlich ist.

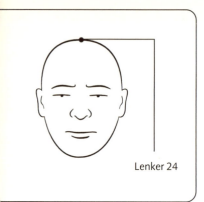

Lenker 24

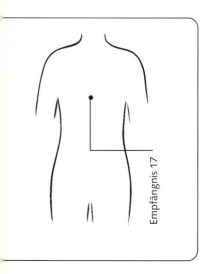

Empfängnis 17

Drücken Sie nun die Spitze Ihres Zeigefingers genau auf der Mitte Ihrer Stirn in die kleine Vertiefung, die Sie dicht unterhalb des Haaransatzes ertasten können. Pressen Sie etwa 70 Sekunden lang kräftig, aber einfühlsam, als würden Sie sanft in den Knochen eindringen, um schließlich ganz allmählich, im Zeitlupentempo, wieder lockerzulassen, sodass das Druckgefühl auch nach Beendigung der Übung anhält.

Üben Sie anschließend mit derselben Fingerspitze Druck auf den exakten Mittelpunkt Ihres Brustbeins aus, um das Herzbeschützer-Chi zu entzünden, das Sie, wenn es geweckt wurde, mit Mut erfüllt. Suggerieren Sie sich mit aller Überredungskunst, derer Sie fähig sind, Folgendes:

*« Wie groß das Risiko auch sein mag,
ich entschließe mich dazu, erst einmal am Leben zu bleiben. »*

BEFREIUNG

VON GELDSORGEN

Ich bin gerade mit Mike im Land Rover zu einer Farm auf der anderen Bergseite gefahren, wo sein Freund Arwel wohnt, bei dem wir einen Herd abholen wollten. Mit Hilfe von Arwels Sohn Emir, der den Gabelstapler bediente, schafften wir es, den großen, gut gepflegten gusseisernen Klotz ordentlich auf unseren Anhänger zu verfrachten und mit Seilen festzuzurren. Margaret, Arwels Frau, schaute wehmütig zu, als verabschiede sie sich von einem guten Freund, hatte dieser Herd doch 14 Jahre lang Küche und Haus geheizt und ihr die Nahrungszubereitung für die Familie ermöglicht, und es war ihr peinlich, die 100 Pfund anzunehmen, die Mike ihr dafür bot.

Während wir fünf vor der Kulisse einer sanft gewellten Landschaft mit Kiefernwäldern und im schrägen Seitenlicht der Morgensonne ziemlich schroff wirkenden Felsen jeder unseren Part übernahmen, berührte mich die natürliche Bescheidenheit, die in Arwels Verhalten zum Ausdruck kam, ebenso tief, wie mich der sanfte Rhythmus seiner Stimme und die strahlende Freundlichkeit seiner Augen bezauberte. Das war ein Mann im Einklang mit seiner Welt, der weder Allüren hatte noch hohe Ansprüche stellte, jedoch wusste, welch ein Segen es war, auf diesem Stück Land leben zu dürfen, das sich fruchtbar unter dem blitzblauen Winterhimmel ausbreitete. Trotzdem sah man ihm an, dass er hart arbeitete.

Alles – das schlichte, solide gebaute Haus, der Hof, die Scheunen, ja sogar die eingezäunte Wiese, auf der die Kühe weideten – war makellos sauber und ordentlich, ohne übertrieben reinlich zu wirken.

Wir wechselten nicht viele Worte; die Leute hier sind von Natur aus zurückhaltend. Und doch findet, wie so oft, wenn Menschen, die inmitten einer erhabenen Landschaft zusammen sind und schweigen, Kommunikation auf einer anderen, tieferen Ebene statt, auf der jeder des anderen Wesen erfassen kann, sofern man ein Gespür dafür hat und das Geschwätz im Innern weitgehend verstummen lässt.

«Man sieht, dass Sie hier hart arbeiten», sagte ich und wies dabei auf sein Land; ich wollte etwas Anerkennendes sagen, bevor wir Abschied nahmen. «Na ja», erwiderte Arwel zurückhaltend, und da ihm sonst nichts mehr einfiel, blickte er freundlich lächelnd zu Boden.

Als wir uns trennten, schüttelten wir uns herzlich die Hände, und obwohl wir nur vier Sätze miteinander geredet hatten, war ich im Innersten tief gerührt von der Ausstrahlung dieser Familie.

Auf der Rückfahrt erzählte mir Mike, Arwels Großvater habe durch eine Laune des Schicksals einen der weltweit am meisten verkauften Softdrinks erfunden, und nachdem Arwel das Vermögen seines Großvaters geerbt habe, sei er jetzt «Multimillionär», und die ganze Gegend, auf die wir gerade hinabblickten, Berge und Täler, Abertausende Morgen unglaublich schöner Landschaft (ohne einen einzigen Hochspannungsmast in Sichtweite), gehöre ihm.

«Schön für Arwel», höre ich Sie förmlich einwenden, «aber mit all dem Reichtum kann er es sich ja auch leisten, freundlich und im Einklang mit der Welt zu sein.» Dieser Mann wäre aber auch dann noch eins mit der Welt, wenn er plötzlich mittellos dastände und als Kellner in einer bescheidenen Taverne auf einer wenig bekannten griechischen Insel arbeiten, Elefantenritte in Cheng Mai anbieten oder gar in Manhattan Taxi fahren müsste.

Womit ich sagen will, dass Sie, wenn Sie sich demütig der Wirklichkeit ergeben und eins werden mit Ihrer Welt, so, wie Sie sie vorfinden, statt den Versuch zu machen, sie zu überwinden, zu knechten oder zu verändern, und wenn Sie die Arbeit, die von Ihnen verlangt wird, ohne Murren tun, dann werden Sie ganz von selbst in einen Zustand der Gnade eintreten, in dem all Ihre Bedürfnisse befriedigt werden. Die Erde und das ganze bekannte Universum fallen Ihnen in den Schoß – darin mögen zwar nicht die Millionen eines erfinderischen Großvaters enthalten sein, aber es wird alles dazugehören, was Sie für die Dauer Ihrer Wanderung auf der großen Straße des Lebens für Ihr Wohlbefinden brauchen – sofern Sie selbst die Güte (oder den Glauben) haben, darauf zu bauen.

Sie müssen mit dem Geist des Erdbodens sprechen, egal ob sich darauf Häuser in alle Himmelsrichtungen ausbreiten oder sanft geschwungene grüne Felder. Treten Sie mit der Mutter, die im Mittelpunkt der Erde sitzt, in Kontakt und sagen Sie zu ihr: «Mutter, sorge für mich. Lass mir alles zukommen, was ich brauche, während ich die große Straße entlanggehe, und ich will im Gegenzug an dich denken und dich ab und zu besuchen» – etwas in dieser Art.

Es ist hilfreich, wenn Sie sich darüber im Klaren sind, wie viel Sie unterm Strich besitzen und was Sie wirklich brauchen, indem Sie all Ihre Ausgaben ehrlich auflisten, ohne sie zu schönen und sich selbst etwas vorzumachen. Es sind ja nur Zahlen auf Papier, und sie springen Ihnen beileibe nicht entgegen und vergiften Sie! So hat die Mutter einen Anhaltspunkt, wie es um Ihre Finanzen bestellt ist, falls sie rausmuss zum Geldautomaten – was ganz schön lästig sein kann, wenn man sich in der Mitte der Erde befindet.

Die Kraft der Erde durchströmt Ihren Körper als Chi von der Milz aus, dem Organ, das mit dem Element Erde verbunden ist und über die Menge und Qualität dessen wacht, was Sie zu sich nehmen, sei es Nahrung, Information oder materieller Reichtum, und das dann darüber entscheidet, wie Sie daraus für Körper, Geist und Portemonnaie Nutzen ziehen. Wenn Sie Geldsorgen haben, wird Ihr Milz-Chi geschwächt. Und wenn Ihr Milz-Chi schwach ist, machen Sie sich Sorgen um Ihr Geld.

Ist Ihr Milz-Chi hingegen stark, fließt Ihnen Geld (das schließlich nur Energie in anderer Form ist, weshalb wir auch vom Geldfluss sprechen) schneller und in größeren Beträgen zu. Und wenn Ihnen Geld schneller und in großen Mengen zufließt, wird dadurch Ihr Milz-Chi gestärkt, was sich günstig auf Ihre Verdauung auswirkt und Ihnen zu einem klaren Kopf verhilft, sodass Sie die Tischgespräche bei all den feinen Gesellschaften besser genießen können, die Sie jetzt, wo Sie nicht wissen, wohin mit dem Geld, wahrscheinlich besuchen werden.

Um die Kraft Ihres Milz-Chis zu stärken und mehr Reichtum in Ihre Richtung zu lenken, sollten Sie jetzt sofort auf Ihre Füße hinabschauen, besonders dahin, wo die großen Zehen sitzen. Der große Zeh bildet an seiner Wurzel da, wo er mit dem seitlich vorspringenden Ballen zusammentrifft, eine Vertiefung. Genau an dem Punkt auf der Innenseite des Fußes, wo festes an weiches Fleisch grenzt, können Sie durch kräftigen Druck mit dem Daumen oder einem improvisierten Massagegerät, etwa dem stumpfen Ende eines Stifts, den Quellpunkt des Milzmeridians aktivieren. Wenn Sie ihn an beiden Füßen täglich gegen elf Uhr (zu diesem Zeitpunkt reagiert der Milzmeridian besonders gut auf eine Stimulierung) ungefähr 70 Sekunden lang pressen, wird er dafür sorgen, dass vermehrt Milz-Chi aus seiner Quelle, der Erde, sprudelt.

Tun Sie es jetzt. Lehnen Sie sich danach zurück, als lehnten Sie sich gegen eine große alte Eiche (oder lehnen Sie sich wirklich gegen eine große alte

Eiche, falls Sie eine parat haben), und stellen Sie sich vor, dass an diesem Baum statt Blättern Banknoten stabilster Währung mit hohem Wert wachsen, die allmählich von den Ästen herabfallen und sich rings um Ihre Füße zu einem riesigen Berg aus Millionen oder gar Milliarden (wenn Sie glauben, so viel zu brauchen und tragen zu können) auftürmen. Wenn Ihnen der Berg groß genug erscheint – vergessen Sie nicht, dass Sie jederzeit zurückkommen und ihn von neuem anhäufen können –, stopfen Sie das Geld in Ihre Taschen bzw. in einen großen Sack oder Frachtcontainer, je nach Menge und imaginärem Transportmittel, und nehmen Sie es (vor Ihrem geistigen Auge) mit, um es irgendwo zu deponieren, anzulegen oder auszugeben, ganz wie Sie wollen.

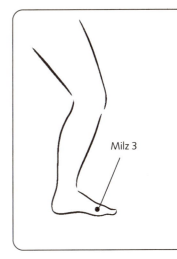

Milz 3

Seien Sie bloß nicht aus völlig unangebrachter Sparsamkeit zu bescheiden. Die große alte Eiche sprudelt nur so über vor eigenem Milz-Chi und lässt ihre Blätter schneller wachsen, als sie abfallen. Sie ist also unerschöpflich und füllt sich ständig wieder auf wie die Mutter, die im Mittelpunkt der Erde (dem Tao) sitzt und dafür sorgt, dass ständig etwas nachwächst, sowohl in Form von Nahrung aus dem Erdreich als auch in Form von (materiellem) Reichtum aus den Tiefen Ihres Seins.

Führen Sie diese Übung tagtäglich aus oder immer dann, wenn Sie finanziell in irgendeiner Weise unter Druck stehen, und Sie werden sich, wie der liebe Arwel, nie wieder Geldsorgen machen müssen ... es sei denn, Sie wollen es unbedingt.

BEFREIUNG 34

VOM EWIGEN ZUSPÄTKOMMEN

Eigentlich ist es unmöglich, zu spät zu kommen. Sie sind immer gerade da, wo Sie sein sollen und zu welchem Zeitpunkt Sie dort sein sollen. Wann immer Sie ankommen – es ist demnach exakt der Augenblick, in dem Sie dort sein sollen, und keine Sekunde früher. Akzeptieren Sie das, und Sie sind sofort vom ewigen Zuspätkommen befreit. Fortan sind Sie immer pünktlich, was auch geschehen mag.

Um jedoch Vereinbarungen mit anderen (und sich selbst) einhalten zu können – die fundamentale Basis einer jeden organisierten Gesellschaft (und es sind die organisierten Gesellschaften, von denen unser Überleben abhängt) –, ist es erforderlich, dass Sie Ihr Zeitgefühl mit dem Ihrer Mitmenschen in Einklang bringen.

Denn sich anders zu verhalten hieße, andere zu berauben, nicht ihrer Zeit, weil die Zeit ohnehin einfach vergeht, sondern ihrer Pläne für den betreffenden Tag und damit ihrer Seelenruhe. Und nach dem Gesetz von Ursache und Wirkung tun Sie sich letztlich selbst keinen Gefallen damit, wenn Sie jemand anderem die Seelenruhe rauben. Das werden Sie spätestens dann merken, wenn derjenige Sie auf Ihrem Handy anruft und lautstark beschuldigt, eine gottverdammte Schlafmütze zu sein, sodass Sie um Ihren guten Ruf und vielleicht sogar Ihren Lebensunterhalt fürchten müssen (falls es sich um einen beruflichen Termin handelte).

Mein Freund Brian Odgers war Bassgitarrist der ursprünglichen Barfußdoktorband der neunziger Jahre und ein echter Profi, der ständig auf Tour ging und öfter mit den Großen der Welt zusammen spielte, als die meisten Leute Kondome benutzen. Ich war überzeugt, dass ihn mir die Götter geschickt hatten, damit er aus mir ebenfalls einen Profi machen würde. Jeden Tag schärfte er mir aufs Neue ein: «Wenn du ein Profi sein willst, musst du pünktlich sein! Das ist die erste eiserne Regel.» Er lehrte mich auch, dass man, falls man auf der Bühne einen Fehler gemacht und einen Ton verpatzt hat, den Patzer sofort noch einmal wiederholt (natürlich im richtigen Takt), weil die Leute dann denken, es sei Absicht gewesen und sie hätten vielleicht nur nicht richtig hingehört. Aber das – das Bluffen – ist ein anderes Thema, vielleicht für ein nächstes Buch.

Glauben Sie mir: Wenn Sie in den Augen anderer nicht wie ein geistesabwesender, unzuverlässiger Trottel dastehen und dadurch alle Chancen auf Erfolg verlieren wollen, müssen Sie pünktlich sein. Aus diesem Grund sollten Sie Ihr Verhältnis zu Zeitmessern, ob Armband- oder Wanduhren, revidieren und neu beleben, sodass Sie den Zeitablauf im Auge und das Ticken im Ohr behalten und stets überprüfen können, ob Sie vorankommen.

Interessanterweise fehlt den meisten Menschen, die ständig zu spät kommen, das Gefühl für zeitliche Abfolgen. Sie können nicht realistisch einschätzen, wie viel Zeit sie für die Dinge benötigen, die sie bis zum verabredeten Zeitpunkt erledigen müssen; zum Beispiel die Zeit zum Waschen, Abtrocknen, Kämmen und Ankleiden, zum Zusammensuchen der Sachen, die man mitnehmen möchte, zum Abschiednehmen, zum Verlassen der Wohnung und schließlich noch die Zeit für den Weg.

Diese verschiedenen Faktoren werden meist völlig außer Acht gelassen, und so kommt es, dass man sich mit jemandem, der eine Stunde entfernt wohnt, um 8 Uhr 26 verabredet, das Haus aber erst um 8 Uhr 32 nach hastigem Duschen verlässt und dann auch noch seine Schlüssel vergisst. So etwas lässt sich durch Erinnerungshilfen korrigieren, indem man zum Beispiel auf ein großes Blatt Papier schreibt: «6.30 h: Duschen, 7.00 h: Sachen zusammensuchen, 7.12 h: Computer runterfahren und Licht abschalten, 7.16 h: Verabschieden (falls nötig), 7.23 h: Maultier satteln, 7.26 h: Auf den Weg machen, 8.24 h: Ankunft, 8.26 h: Absteigen, Maultier anbinden, klingeln.

Voraussetzung hierfür ist, dass Sie ehrlich sind und nicht etwa bei den Zahlen mogeln und sich selbst unhaltbare Vorgaben machen. Außerdem müssen Sie immer wieder die reale Uhrzeit mit den Zeitangaben auf Ihrer Liste, die zu diesem Zweck stets an einer gut sichtbaren Stelle hängen sollte, vergleichen und in Übereinstimmung bringen.

Ein Zeitbewusstseinsdefizit (ZBD) tritt oft bei temperamentvollen Menschen auf, die schlecht geerdet sind, und beruht darauf, dass das Milz-Chi zu feucht und modrig ist. Das Milz-Chi, das dem Element Erde zugeordnet wird und daher das optimale Funktionieren auf materieller Ebene lenkt, ist für das Zeit- und Raumgefühl verantwortlich.

Stellen Sie, um von jetzt an immer pünktlich zu sein – nicht nur nach Ihrem eigenen, sondern nach allgemeinem Zeitverständnis –, die Füße nebeneinander und drücken Sie die linke Ferse in die Wölbung Ihres rechten Fußes. Genau da, wo die Wölbung beginnt, befindet sich der Feuerpunkt des Milzmeridians. Üben Sie jetzt mit dem Daumen (die Ferse sollte Ihnen nur die Punktsuche erleichtern) oder einem improvisierten Massagegerät mit ähnlich breiter Spitze kräftigen Druck auf diese Stelle aus (da, wo das feste Fleisch der Fußsohle mit dem weichen Fleisch des Spanns zusammentrifft), wobei Sie in Richtung Fersenmitte drücken. Pressen Sie so fest, dass Sie einen starken, aber dennoch angenehmen Schmerz spüren, der in den ganzen Fuß ausstrahlt, während Sie gleichzeitig mit dem Daumen (oder dem Gerät Ihrer Wahl) kleine Kreisbewegungen im Uhrzeigersinn ausführen, und das je Fuß höchstens 81-mal. Dadurch wird Ihr Milz-Chi aufgeheizt; es kann nun seinerseits die feuchte, modrige Erde trocknen und Sie in null Komma nichts inniger mit der Wirklichkeit verbinden. Sie sollten die Übung ab sofort täglich um elf Uhr durchführen, wenn der Milzmeridian besonders empfänglich für Reize ist.

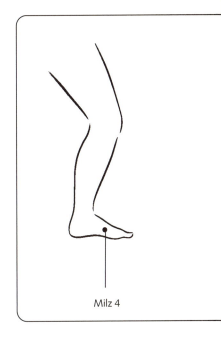

Milz 4

Trainieren Sie zugleich auch Ihren Geist, indem Sie Folgendes so oft wiederholen, bis es Sie in Trance versetzt:

> «*Die Zeit ist mein bester Freund. Ich verdanke ihr mein Leben. Ohne Zeit würde ich aufhören zu sein. Je mehr ich die Zeit zu würdigen weiß, indem ich ihr Aufmerksamkeit schenke und mich mit ihr in Einklang bringe, umso gütiger verfährt sie mit mir und umso fließender und erfüllter gestaltet sich mein Leben.*»

Würden Sie es für möglich halten, schreibe ich, während ich mir gerade mit der linken Ferse die Höhlung des rechten Fußes reibe, dass Jeb und Mike (der übrigens immer und überall zu spät kommt – weil er ein Zehn-Monats-Kind ist, sagt er) uns alle vor Tagen schon für heute zum Abendessen bei Freunden im nächsten Ort angemeldet haben, und dass ich mich jetzt, während ich dies für Sie schreibe, verspäte? (Ts, ts.)

BEFREIUNG

VON DER ANGST, NIE DEN
IDEALEN PARTNER ZU FINDEN
(ODER ÜBERHAUPT KEINEN
PARTNER ZU FINDEN)

Erheblich weisere, erfahrenere und vielleicht (sogar) zynischere Menschen als ich würden Ihnen sagen, dass es gar keinen idealen Partner gibt.
Ich bin in zwei Punkten anderer Meinung. Erstens ist nicht bewiesen, ob der Partner, mit dem Sie gerade zusammen sind, nicht für die Zeit Ihres Zusammenseins optimal für Sie ist, selbst wenn das, was sich zwischen Ihnen abspielt, also die Qualität Ihrer Beziehung, nicht Ihren Erwartungen entspricht. Entscheidend ist letztlich nur, warum Sie Ihrer Ansicht nach überhaupt mit jemandem zusammen sind. Vielleicht glauben Sie, das sei so, damit immer jemand bei Ihnen ist und Sie nett behandelt. Wenn Sie das glauben und sich nicht klar machen, dass eine Beziehung eigentlich als Bereicherung für Ihr Seelenleben gedacht ist, weil Sie auf diese Weise lernen, uneingeschränkt Liebe zu geben und zu empfangen, sei es durch Lust oder durch Schmerz, und so Ihrer Seele Flügel verleihen, dann geben Sie sich einem Trugschluss hin und werden enttäuscht sein. Wenn Sie hingegen akzeptieren, dass Sie da, wo Sie sind, auch sein sollen, um sich optimal entfalten zu können, und dass alles, was geschieht, Sie lehren soll, mehr zu lieben

(und nicht weniger), dann ist die Person, mit der Sie gerade zusammen sind, der ideale Partner für Sie. Das heißt nicht, dass Sie nie mehr jemand anderen kennen lernen werden, mit dem sich das Zusammenleben nicht noch netter gestalten könnte.

Sie bekommen das zurück, was Sie auf andere projizieren. Sie projizieren (unbewusst) Aspekte Ihrer selbst, die besonders viel Aufmerksamkeit brauchen, auf andere, und diese Projektionen fallen wieder auf Sie zurück. Anders ausgedrückt: Wenn Sie ein solches Entwicklungsstadium erreicht haben, dass Ihr Ego perfekt abgerundet ist und weder Verwerfungen nach außen noch Risse nach innen aufweist, werden Sie Perfektion auf andere projizieren, und diese Perfektion (was immer Sie darunter verstehen) werden die anderen Ihnen zurückspiegeln. Bis dahin werden Sie allerdings vornehmlich die Verwerfungen und Sprünge sehen.

Perfektion ist demnach etwas, das Sie nur in bestimmten Augenblicken oder Zeitabschnitten erfahren, und infolgedessen ist der ideale Partner immer nur einen Augenblick lang perfekt. Ob dieser Augenblick eine Sekunde, einen Tag oder ein Leben lang dauert, ist ein vollkommen anderes Thema und besser geeignet für ein Buch über solche Unwägbarkeiten wie Schicksal, Vorhersehung, Astrologie, freier Wille, Moral, frühere Leben und karmische Verantwortung.

Zweitens sind Sie im Grunde selbst der ideale Partner für sich, und das mindestens so lange, wie Sie hier sind. (Gähn, gähn.) Ihre erste Beziehung auf diesem Planeten, noch vor Ihrer (ursprünglichen) Beziehung zum Mutterleib, ist die Beziehung zu Ihrem eigenen Selbst. Ob das für Sie die Beziehung ist, die all Ihre Zellen bei ihrer Teilung miteinander eingegangen sind, die Beziehung zwischen all Ihren verschiedenen inneren Persönlichkeiten oder die Beziehung zwischen Ihrem kleinen und dem großen universalen Selbst bzw. Gott (oder Tao) – immer ist es das, was Sie auf Ihren Partner projizieren und was von dort auf Sie zurückfällt.

Und Sie werden es projizieren, sobald Ihr Ego vollendet ist und Sie eine dauerhafte Zuneigung zu sich selbst entwickelt haben. Es dürfte einleuchtend sein, dass es lange dauern kann, bis Ihr Partner Ihre Idealvorstellung widerspiegelt, da der Prozess der Egovollendung nur schrittweise vorangeht.

Sollten Sie sich Sorgen machen, ob Sie überhaupt je einen Partner finden werden, rate ich Ihnen, häufiger auszugehen, risikofreudiger zu sein und alle äußeren Aspekte zu beachten, die diesbezüglich eine Rolle spielen könnten, wie Hygiene, Muskeln, Frisur, Kleidung, Hautbeschaffenheit, Persönlichkeit und Lebensumstände. Gleichzeitig sollten Sie jeden Tag daran arbeiten, Ihr Ego zu vollenden, indem Sie sich Aktivitäten widmen, durch die Sie in Ihrer Fähigkeit bestärkt werden, Liebe zu geben und zu empfangen oder anderen zu helfen, sich von anderen helfen zu lassen. Befassen Sie sich in einer Gruppe von Gleichgesinnten mit Yoga, Tangotanzen, Theaterspielen, Tai-Chi, mit der eigenen spirituellen Entwicklung, mit Klettern, Kochen oder gar der Partnervermittlung. Auf jeden Fall sollte es nicht länger Ihr erklärtes Ziel sein, den idealen Partner zu finden, sondern Ihr Ego abzurunden, damit Sie selbst der ideale Partner für sich werden – ein Prozess, den Sie jetzt gleich folgendermaßen in Gang setzen können:

Ziehen Sie sich mit einer ausreichenden Menge Massageöl guter Qualität in eine warme, freundliche Umgebung zurück, in der Sie ungestört sind. Ziehen Sie sich aus, legen Sie sich hin und massieren Sie sich langsam, aber zielstrebig die Leibesmitte von der Brust aus bis hinunter zum Schambein und den Genitalien, um dann mit der lustvollen Vorstellung, sich selbst zu lieben, eine Stunde lang zu masturbieren und dabei ständig zu wiederholen: *«Ich habe jetzt ein perfekt abgerundetes Ego. Ich bin der ideale Partner für mich!»* Rufen Sie beim Orgasmus laut Ihren eigenen Namen. War nur Spaß. (Zum Teil jedenfalls.)

Obwohl sich das Ego eigentlich erst durch jahrelange Erfahrungen abschleift und rundet, durch die Höhenflüge des Lebens ebenso wie durch die Tiefschläge, besteht die Möglichkeit dazu auch, wenn das Herz-Chi ausgewogen ist (und umgekehrt) – ein Prozess, den Sie sofort auslösen können, wenn Sie jetzt Ihren linken Daumen kräftig in die Mitte Ihrer rechten Achselhöhle pressen. Heben Sie, während Sie so viel Druck ausüben, dass sich ein starker, aber angenehmer Schmerz bemerkbar macht, den leicht angewinkelten Arm bei vollkommen entspannten Schultern seitwärts auf Schulterhöhe an und lassen Sie ihn langsam erst 18-mal rückwärts, dann 18-mal vorwärts kreisen. Dies ist der Punkt zur Öffnung des Herzmeridians, dessen Stimulierung dazu beiträgt, energetische Blockaden in diesem Kanal aufzulösen, die sonst das Selbstwertgefühl beeinträchtigen könnten. Wiederholen Sie die Übung anschließend mit dem linken Arm.

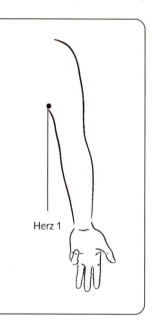

Herz 1

Betrachten Sie als Nächstes Ihre rechte Handfläche und ziehen Sie eine imaginäre gerade Linie von der Spitze des kleinen Fingers bis zu den feinen Querfalten an Ihrem Handgelenk. Pressen Sie den linken Daumen maximal 70 Sekunden lang kräftig in den Kreuzungspunkt, der «Tor des Geistes» genannt wird, bis ein starker, aber angenehmer Schmerz entsteht und in die imaginäre Linie hinein ausstrahlt. Verfahren Sie mit dem anderen Handgelenk genauso. Das ist der Quellpunkt Ihres Herzmeridians, und seine Stimulation regt diesen Meridian dazu an, mehr Energie aus seiner elementaren Quelle, dem Feuer, aufzunehmen. Deren

Wirkung wird Ihre Seele so weit beruhigen, dass Sie sich für einen Augenblick so, wie Sie sind, als vollendet und vollkommen erfahren können.

Die Wiederholung dieser beiden Übungen, in die auch die nachstehende Affirmation einfließen sollte, über einen Zeitraum von etwa 90 Tagen hinweg, wird Ihr Selbstgefühl stärken und höchstwahrscheinlich einen (zeitweilig) idealen Partner auf Ihre persönliche Kreisbahn ziehen. Legen Sie also nur dann den nötigen Eifer an den Tag, wenn Sie wirklich zu solchen Umwälzungen in Ihrem Leben bereit sind.

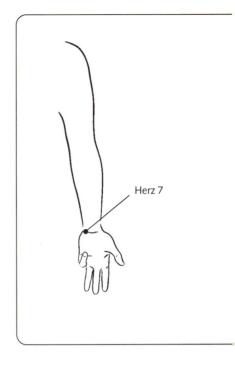

Herz 7

Die Affirmation lautet:

> «Trotz aller Zweifel, die ich vielleicht hege, ist mein Ego jetzt vollendet, und dafür brauche ich keine Bestätigung von anderen mehr. So, wie ich bin, ziehe ich nun den (zu diesem Zeitpunkt) für mich idealen Partner auf meine persönliche Kreisbahn, dem ich in Liebe, Achtung, Bewunderung, Lust, Freude und Abenteuerbereitschaft ebenso verbunden bin wie er mir.»

BEFREIUNG

DAVON, DES GELDES WEGEN AN EINEM ÖDEN JOB KLEBEN ZU BLEIBEN

Vielleicht wollen Sie Ihren Lebenstraum verwirklichen und sich voll und ganz auf ein Abenteuer einlassen, oder Sie wollen einfach nur eine befriedigendere Arbeit, stecken jedoch irgendwie in ihrem derzeitigen Job fest, weil er Ihre Ausgaben deckt, zu denen möglicherweise auch der Unterhalt einiger von Ihnen abhängiger Personen gehört. Wahrscheinlich glauben Sie deshalb, keine andere Wahl zu haben, denn für einen Traum alles aufs Spiel zu setzen, erscheint Ihnen unverantwortlich und dumm.

Wäre es unter Umständen auch. Aber vielleicht wäre es noch unverantwortlicher und dümmer, es nicht zu tun. Denn Sie erhalten (wie Sie ja wissen) nur einmal die Chance, die «große Straße» entlangzuwandern, zumindest in Ihrem gegenwärtigen Körper – und niemand kann garantieren, dass Sie je einen neuen bekommen. An jedem Punkt des Weges dürfen Sie wählen, ob Sie es vorziehen, kein Risiko einzugehen, Ihre persönlichen Möglichkeiten nicht voll auszuschöpfen, eine vorübergehende Bequemlichkeit zu genießen, nirgends anzuecken und sich in Ruhe und Sicherheit zu wiegen (und sich damit oft auch ein langweiliges, ödes Leben einhandeln) – oder ob Sie lieber Risiken eingehen, Ihre Möglichkeiten voll und ganz ausschöpfen, vorübergehende Unbequemlichkeiten in Kauf nehmen, gerne auch mal anecken, alles auf eine Karte setzen und sich auf Unruhe und Unsicherheit einlassen (und sich damit oft auch ein prickelndes, verdammt schönes Leben einhandeln).

Wenn Sie am Ende des Weges (in Ihrer derzeitigen Gestalt) Ihren letzten Schritt getan haben und den Schleier zerreißen, um hindurchzugehen – ein Fall, der sich unweigerlich einmal ergibt –, und wenn dann, wie behauptet wird, Ihr Leben noch einmal vor Ihrem inneren Auge vorbeizieht, welche der oben beschriebenen Möglichkeiten würden Sie dann vermutlich lieber gewählt haben?

Das, was Sie an jenem Punkt lieber gewählt hätten, ist ein deutlicher Hinweis darauf, welchen Weg Sie jetzt einschlagen sollten, falls es Ihnen nicht egal ist, im Augenblick des Todes Grund zu bitterer Reue zu haben. (Und denken Sie bloß nicht – keine Sekunde lang –, Sie müssten jetzt einen riskanten Weg einschlagen, nur um ein existenzielles Bravourstück zu liefern oder, was vollends idiotisch wäre, um mir einen Gefallen zu tun!)

Wenn Sie aber das Risiko wählen – und machen wir uns nichts vor: Wenn nicht, sollten Sie Ihren derzeitigen Job behalten und mit mehr Freude dabei sein, statt sich darüber aufzuregen –, wenn Sie also wirklich das Risiko wählen, dann holen Sie jetzt extrem lange und tief Luft und erklären Sie inbrünstig (laut oder im Stillen):

«Ich will jetzt ein Risiko eingehen und in den Abgrund der Ungewissheit springen mit der einzigen Gewissheit, dass mich die Wirklichkeit packen und auffangen wird, wie sie es bisher immer getan hat (und mit all denen, die von mir abhängig sind, tun wird). Ich will fortan meine Möglichkeiten bis ans Ende meines Lebens voll und ganz ausschöpfen, in vollkommenem Vertrauen darauf, dass die Wirklichkeit mir (immer) dann, wenn ich es brauche, das, was ich brauche, geben wird. Ich bin willens, auf vorüber-

gehende Bequemlichkeit zu verzichten, um im Innern dauerhaften Frieden zu finden.»

Vielleicht wollen Sie sich auch, falls Sie gymnastisch begabt sind oder etwas für Rituale übrig haben, auf einen Stuhl stellen und von dort aus lauthals verkünden:

«*Ich springe jetzt in den Abgrund!*»

Und dann springen Sie vom Stuhl, landen (sicher) auf dem Fußboden und sagen:

«*Ich bin jetzt in eine neue Lebensphase eingetreten, das Abenteuer beginnt (und ich bin total verrückt).*»

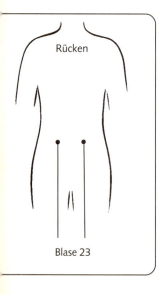

Rücken

Blase 23

Um das erwachende Vertrauen energetisch zu unterstützen, stemmen Sie jetzt sofort die Hände in die Hüften. Üben Sie mit den Daumen bis zu 90 Sekunden lang genügend Druck auf die Partien in etwa 5 cm Abstand von der Wirbelsäule neben den parallel dazu verlaufenden Muskelsträngen aus, sodass ein starker, aber angenehmer Schmerz spürbar ist. Dadurch kann sich die Verkrampfung im Nierenbereich auflösen, die den Fluss Ihres Nieren-Chis hemmt, eine Störung, die der Grund für Ihre bisherige Angst vor Veränderung gewesen sein dürfte.

Drücken Sie anschließend die Daumen nacheinander maximal 70 Sekunden lang so kräftig in die Mitte der jeweils anderen Handfläche, bis sich ein starker Schmerz bemerkbar macht und in die ganze Handfläche ausstrahlt. Diese (Stigmata-)Punkte stimulieren das Herzbeschützer-Chi, wodurch unter anderem Ihr Selbstvertrauen und damit die Bereitschaft gestärkt wird, darauf zu bauen, dass die Wirklichkeit Sie auffängt, nachdem Sie nun den Sprung gewagt haben (zumindest vom Stuhl).

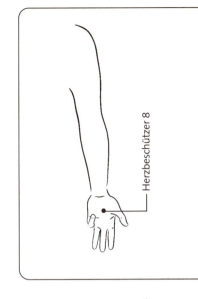

Ich will Ihnen eine lustige Geschichte von Stühlen und Sprüngen erzählen. Als ich ein kleines, lautes Kind war und noch nichts vom Treiben der Welt wusste, spielte mein Vater am Wochenende gerne ein Spiel mit mir, damit für kurze Zeit Ruhe und Frieden einkehrten. Es wurde tatsächlich mein Lieblingsspiel und ging so: Er sagte, er würde sich still in dem einen Zimmer auf einen Stuhl stellen, und ich sollte im anderen Zimmer still auf einem Stuhl stehen, und wer länger schweigend auf seinem Stuhl stehen könnte, würde gewinnen. Ich war sehr gut darin und konnte etliche Minuten lang in stiller Kontemplation auf meinem Stuhl stehen. Wenn mein Vater nicht länger still stehen konnte (wie ich glaubte), sprang er mit einem theatralischen Hopser, über den ich in schallendes Gelächter auszubrechen pflegte, von seinem Stuhl und erklärte mich zum Sieger. Darum war es vermutlich auch mein

Lieblingsspiel – es war so leicht, zu gewinnen. Mein Lieblingsspiel war es allerdings nur so lange, bis ich eines Tages aus unerfindlichen Gründen mit dem Gefühl, sehr ungezogen zu sein, von meinem Stuhl stieg und leise an der Wand entlang und um die Ecke kroch, um mir anzuschauen, wie mein Vater wohl auf seinem Stuhl aussah, nur um die Entdeckung zu machen, dass er behaglich auf dem Sofa saß und fernsah. Und die Moral von der Geschichte: Nehmen Sie den Vorschlag, auf Stühle zu steigen und hinunterzuspringen, nicht allzu ernst.

Nehmen Sie aber auf jeden Fall den Rat ernst, ins Ungewisse zu springen und sich vom Leben auffangen zu lassen, denn genau das wird es tun, wenn Sie es zulassen. In den Tagen und Wochen danach werden Sie ein Gefühl im Bauch haben, das Ihnen Schritt für Schritt den Weg zeigt, eine innere Stimme, die Ihnen dieses oder jenes rät, vielleicht, dass Sie eine E-Mail losschicken, Ihre Kündigung abgeben, die Straße entlanggehen und links oder rechts abbiegen sollen, und die Sie, wenn Sie ihr vertrauensvoll folgen, mühelos, leicht und locker mitten ins Herz Ihres eigenen Abenteuers führt. Und ich werde Ihnen die Daumen drücken. Zusammen mit allen anderen hier. *Bonne chance.*

BEFREIUNG

37

VON UNTERDRÜCKUNG

Sie werden von anderen entsprechend Ihren unbewussten Projektionen behandelt. Wenn Sie sich von anderen unterdrückt fühlen, ob von einem bestimmten Menschen, einer Gruppe oder der Welt im Allgemeinen, liegt es daran, dass Sie sich selbst unterdrücken und diese negative Energie auf die anderen projizieren. Sobald Sie aufhören, sich selbst unter Druck zu setzen, hören andere ebenfalls damit auf.

Wenn Sie aufhören, sich selbst zu unterdrücken, wie drückend Ihre derzeitige Situation auch sein mag, werden Sie sie auch nicht mehr als bedrückend empfinden. Gestatten Sie sich die grenzenlose innere Weite, nach der Ihre Seele dürstet und die Ihr Geburtsrecht ist, und Sie werden unbewusst die Energie dieser grenzenlosen Weite nach außen projizieren. Ihre Umgebung einschließlich aller Menschen darin wird automatisch dieselbe Energie auf Sie zurückwerfen.

Das ist selbst unter extremen Bedingungen so. Ich hatte einmal das Privileg, einem echten alten Gentleman namens Israel Tai-Chi-Unterricht geben zu dürfen, einem Mann von heiterem Gemüt und bemerkenswerter Weisheit, einem Mann mit dem fröhlichsten Lächeln, das man je gesehen hat. Einem Mann, der im Zweiten Weltkrieg als kleiner Junge das Grauen eines Konzentrationslagers in Polen überlebte, während er mit ansehen musste, wie seine

Familie und viele seiner Freunde auf entsetzliche Weise ums Leben kamen, und der doch nie auch nur im Mindesten etwas von seiner angeborenen Lebensfreude und seinem Mitgefühl für andere verloren hatte. Ich fragte ihn, wie er es geschafft hätte, dem Tod zu entgehen. «Ich habe mir einfach immerfort gesagt, dass ich innerlich frei sei, und bin in Bewegung geblieben», antwortete er. «In Bewegung? Wie meinen Sie das?» Er ließ den Blick in die Ferne schweifen, als läge dort die Vergangenheit – ohne äußere Anzeichen, dass ihn die Erinnerung an das erlittene Leid erschütterte –, und suchte nach Worten, um wenigstens annähernd beschreiben zu können, was er meinte: «Ich bin einfach in Bewegung geblieben, habe mich dem Strom des Lebendigen um mich herum angeschlossen, mich an das geklammert, was lebte, und nicht an das, was tot war. Und ich habe meine Würde bewahrt.»

Stellen Sie sich ein Stehaufmännchen mit seinem kugelrunden Leib vor. Versetzen Sie ihm von einer Seite einen Stoß, und es wird ein paar Mal hin- und herschwanken, um sich dann mit Hilfe der Schwungkraft wieder aufzurichten. Attackieren Sie es von der anderen Seite, verhält es sich genauso. Gleichgültig, wie viel Druck Sie auch in einer Richtung auf das Stehaufmännchen ausüben mögen, es wird zunächst nachgeben, herumkreiseln und sich schließlich durch die Kraft Ihres Stoßes wieder aufrichten.

Bei dem Gefühl, unterdrückt zu werden, dem Gefühl, im übertragenen Sinn von anderen herumgeschubst zu werden, müssten Sie folglich flexibel (an Leib und Seele) sein, statt dem Druck mit zusammengebissenen Zähnen und starrer Haltung Widerstand zu leisten – in dem fruchtlosen Bemühen, ihm durch Gegendruck standhalten zu können. Sie würden ihm vielmehr auf elegante Weise nachgeben, dabei in Ihrer Mitte ruhen und im Gleichgewicht bleiben. Zu diesem Zweck siedeln Sie den Schwerpunkt möglichst tief an, indem Sie Geist und Energie im Unterleib und in der Beckenregion konzentrieren. Wenn Ihr Schwerpunkt stattdessen in Kopf und Oberkörper liegt, können Sie bei Druck nicht nachgeben, etwas schwanken und sich wieder aufrichten. Dann werden Sie wahrscheinlich umfallen, Ihre Würde (die aufrechte Haltung) verlieren und alle möglichen schrecklichen Verrenkungen anstellen müssen, um sie wiederzugewinnen (es sei denn, Sie sind ein Stehaufmännchen).

Wenn Ihr Schwerpunkt tief liegt, Sie geistig flexibel sind und Ihr Chi im Bauch konzentriert ist, können Sie schwungvoll auf eine Kraft reagieren, die sich gegen Sie richtet, und nachgeben, ohne Ihre Würde zu verlieren. Je stärker die auf Sie abzielende Kraft ist, umso stärker federt sie durch ihren eigenen Schwung zurück und lässt Sie im Innersten vollkommen unangetastet und intakt. Die Stärke des Drucks, den Sie von außen zu spüren meinen, spiegelt wider, welche Selbstbeschränkungen Sie sich auferlegen. Je weniger Sie sich selbst einengen, umso weniger werden Sie sich von anderen unterdrückt fühlen. Sobald Sie es geschafft haben, die inneren Grenzen vollständig abzubauen, wird äußerer Druck überhaupt keine Wirkung mehr auf Sie haben.

Bisher haben Sie das Hin-und-her-Schwanken (die Reaktion auf starken äußeren Druck, der einen aus dem Gleichgewicht wirft) wahrscheinlich in einem schlechten Licht gesehen, wie ein Seiltänzer, der dadurch möglicherweise vom Seil fällt – das ist das lineare Modell. Jetzt können Sie es jedoch positiv einstufen als ein Nachgeben, Schwanken und Wiederaufrichten, als eine Art Spiel, das Sie mit dem Leben spielen, als Tanz, den Sie mit der Gegenkraft tanzen – das ist das Kreismodell.

Da Sie inzwischen wissen, was für ein Heidenspaß es (theoretisch) sein kann, bei Druck herumzutaumeln, sollten Sie jetzt sofort damit anfangen, sich den Geist des Stehaufmännchens anzutrainieren. Stellen Sie sich, die Füße in Schulterbreite fest auf den Boden gepflanzt, die Knie leicht gebeugt, mit festen Schenkeln und lockerem, entspanntem Oberkörper hin, heben Sie die Arme leicht angewinkelt vor sich auf Brusthöhe, die Handflächen zu sich gekehrt, als würden Sie eine dicke stehende Teppichrolle festhalten oder einen alten Eichenstamm umarmen. Lassen Sie nun Ihren Rumpf aus der Taille heraus langsam im Kreis schwingen wie ein Hula-Hoop-Tänzer, dem (zufällig) ein Stift aus dem Kopf ragt, mit dem er (zufällig) Kreise auf eine imaginäre Decke malt, die sich (zufällig) ein paar Zentimeter über ihm befindet, und das etwa neunmal in jede Richtung.

Diese Übung ist bei täglicher Anwendung nicht nur dazu angetan, Sie im Taillenbereich zu lockern und Ihre Nieren zu kräftigen, wodurch sich Ihre Spannkraft erhöht. Sie liefert Ihnen darüber hinaus eine psychophysische Metapher (eigentlich ein ganzes Heer von Metaphern – Teppich, Eiche, Hula-Hoop-Tänzer, Stift und Decke –, ganz zu schweigen von dem verflixten Stehaufmännchen) als Erinnerungshilfe daran, innerlich nachzugeben, in Taumelbewegung zu geraten und sich wieder (und immer wieder) aufzurichten, sobald Druck von außen Sie in Ihrer inneren Festigkeit und Ihrem Frieden zu erschüttern droht.

Kauern Sie sich, wenn Sie genügend Kreise auf die Decke gemalt haben, zusammen, bis Sie nur noch ein kleiner Ball sind – der kleinste und festeste Ball, den Sie schaffen. Denken Sie darüber nach, auf welche Art Sie sich in diesem Augenblick gerade selbst unterdrücken oder einschränken. Sagen Sie dann:

«Jetzt durchbreche ich all die von mir selbst aufgestellten Grenzen, die mich daran hindern, meine Energie heil und ganz zum Ausdruck zu bringen.»

Holen Sie tief Luft, sammeln Sie im Geiste die Selbstbeschränkungen als festen Ball in Ihrer Brust und vollführen Sie dann urplötzlich, ohne Vorwarnung, den größten Freudensprung, den Sie je gemacht haben.

Brüllen Sie, so laut Sie können: «*Haaaaaaaaaa!*» Visualisieren Sie, wie der Ball dabei aus Ihrem Mund gefeuert wird und in der Ferne verschwindet. (Sollte die praktische Ausführung dieses Übungsteils im Augenblick nicht möglich sein, können Sie einfach alles visualisieren, auch sich selbst, wie Sie «Haaaaaaaaaa!» rufen.)

Neben seiner läuternden Wirkung und seiner Bildhaftigkeit trägt der «*Haaaaaaaaaa*»-Schrei, dieser alte taoistische Herz-Chi-Heilklang, dazu bei, stockendes oder blockiertes Herz-Chi zu lösen, wodurch Geist und Gemüt (die vom Herz-Chi regiert werden) von allen selbst auferlegten Beschränkungen befreit werden.

Unterstützen Sie diese Wirkung, indem Sie Ihre rechte Handfläche betrachten und eine imaginäre Linie von der Spitze Ihres kleinen Fingers zu den feinen Querfalten an Ihrem Handgelenk ziehen. Pressen Sie den Daumen der linken Hand viermal täglich maximal 70 Sekunden lang kräftig auf den Kreuzungspunkt der geraden Linie mit den Querfalten, bis ein starker, aber angenehmer Schmerz entsteht und bis in den kleinen Finger ausstrahlt. Das ist der Quellpunkt des Herzmeridians, auch «Tor des Geistes» genannt. Seine Stimulierung regt diesen Meridian dazu an, seiner elementaren Quelle, dem Feuer, mehr Chi zu entnehmen, was umgekehrt wieder Ihrem Gemüt und Ihrem Sinn für die unendliche innere Weite zugute kommt.

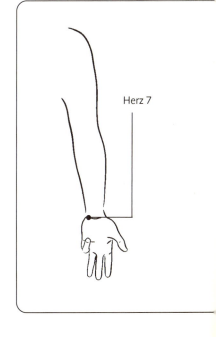

Herz 7

(Übrigens tut die Stimulierung dieses Punktes auch verdammt gut bei Herzklopfen und Nervosität wie zum Beispiel vor einer entscheidenden Begegnung, einem wichtigen Gespräch, einem Bühnenauftritt oder auch bei dem vergeblichen Versuch einzuschlafen, denn etwa zehn Minuten nach der Reizung tritt eine leicht beruhigende Wirkung ein.) Darüber hinaus können Sie noch das folgende Mantra rezitieren:

> «*Es steht mir frei, zu tun, was immer mir gefällt. Ich habe nichts zu verlieren und alles zu gewinnen*»,

und in null Komma nichts werden alle äußeren Umstände dies widerspiegeln. Denken Sie «grenzenlos», denken Sie «frei», denken Sie «Stehaufmännchen».

BEFREIUNG

VON DEPRESSIONEN

Depressionen sind keine Naturkraft, die sich von oben oder von außerhalb Ihrer selbst auf Sie herabsenken, auch wenn es irgendwie tröstlich wäre, das zu glauben. Depressionen (wörtlich: das Niederdrücken) sind etwas, für das Sie selbst verantwortlich sind – unbewusst natürlich. Sobald Sie sich das klar gemacht haben, erkennen Sie, dass Sie die Wahl haben – entweder weiter niedergeschlagen zu sein oder damit aufzuhören. Wenn Sie sich rechtzeitig entschließen, damit aufzuhören – denn Sie brauchen, wie ein zusammengeknautschtes Kissen, eine gewisse Zeit, um sich langsam wieder zu entfalten –, wird Ihre Depression weichen, und dann werden Sie eine neue Form der Selbstbeschreibung finden müssen, da die alte Schablone «depressiv» nicht mehr passt.

Es heißt, dass die Leber den «inneren Wilden» beherbergt, das natürliche Selbst, das nach der Mutterbrust schrie, ohne sich darum zu kümmern, dass es die Nachbarn stören könnte; das mit wilden Freudenschreien im Morgengrauen durch den Wald lief, ohne darüber nachzudenken, ob das nicht vielleicht ein gesellschaftlicher Fauxpas ist, mit anderen Worten: Ihr Selbst, bevor die Regeln der Gesellschaft das volle, uneingeschränkte Spektrum jener Verhaltensweisen regulieren konnten, die Sie noch immer an den Tag legen würden, wenn Sie keine Prügel dafür bekämen. Natürlich (oder vielmehr unnatürlich) müssen Sie Ihre Wildheit im

Zaum halten, wenn Sie reibungslos mit sechs Milliarden anderen Menschen auf dem relativ kleinen Planeten Erde zusammenleben wollen. Aber im Zaum halten bedeutet nicht dasselbe wie niedergeschlagen (depressiv) sein. Die Wildheit im Zaum zu halten heißt, dieser Energie einen Raum zu geben, in dem Sie sie nach Belieben nutzen können. Um sie nutzen zu können, müssen Sie sie in Ausdrucksmöglichkeiten einfließen lassen, die Ihnen selbst und Ihrer Umgebung Vorteile bringen – oder wenigstens keine Nachteile und keinen Schaden. Solche Ausdrucksmöglichkeiten können unter anderem (spirituelle) Übungen, Arbeit und soziale Interaktion sein. Ihr Leber-Chi treibt Sie dazu an, in die Welt hinauszuziehen und (auf angemessene Weise) mitzuspielen. Das kann bei einem Körpertraining sein (zum Beispiel bei nicht wettkampforientierten «Sportarten» wie Yoga, Tai-Chi, Tanz, Freeclimbing oder auch Gewichtheben, oder bei Wettkampfsportarten wie Tennis, Fußball, amerikanischem Football oder was Ihnen sonst Spaß macht). Es kann aber auch die Arbeit für den Broterwerb oder für eine gute Sache sein. Sie könnten einfach mal wieder den Wilden spielen, sich Spraydosen besorgen und die Stadt mit schönem, rotem Graffiti überziehen. Bei niedergedrücktem Leber-Chi ist Ihnen jedoch nicht nach Spielen zumute. Umgekehrt ist es niederdrückend für Ihr Leber-Chi, wenn Sie nicht spielen.

Der erste Schritt muss folglich sein, sich das Spielen wieder anzugewöhnen. Fangen Sie an, Sport zu treiben, aber keinen Wettkampfsport, und lernen Sie wieder, mit Ihrem Körper zu spielen. Melden Sie sich zu einem Kurs in Yoga, Bauchtanz, Freeclimbing, Tanz oder etwas anderem an, das Sie reizen könnte. Machen Sie jeden Tag einen ordentlichen Spaziergang oder joggen Sie. Lüften Sie sich mal gründlich durch. Nehmen Sie sich jeden Morgen, ehe Sie den Tag beginnen, ein bisschen Zeit für Dehnübungen, mit denen Sie sich lockern, oder tanzen Sie zu fröhlicher Musik im Wohnzimmer herum. Alles, was Körper, Geist, Energie und Willenskraft miteinander verbindet, stimuliert das Leber-Chi und trägt dazu bei, die natürliche Lebensfreude wieder zu wecken.

Sobald Ihr Vertrauen in die Fähigkeit, Körper und Geist miteinander vereinen zu können, gewachsen ist und Ihr Leber-Chi wieder fließt, steht es Ihnen frei, zu experimentieren und auch bei der Arbeit ruhig mal etwas zu riskieren. Wagen Sie es zum Beispiel, Ihre Beziehung zu denen, mit denen Sie Tag für Tag zu tun haben, zu intensivieren, indem Sie Ihre Maske (nicht immer, aber immer öfter) fallen lassen und spontan kommunizieren, statt Ihre Rolle (als Kollege) zu spielen. Gehen Sie auf die anderen zu. Machen Sie den Leuten Komplimente, erkundigen Sie sich nach ihrem Privatleben, erzählen Sie, was Sie selbst gerade durchmachen (ohne das als Entschuldigung dafür zu nehmen, öffentlich in Selbstmitleid zu zerfließen), und zeigen Sie (immer öfter) Ihre Bereitschaft, Ihrerseits auch den anderen Ihr Ohr zu leihen.

Wenn Sie sich durch Ihre Fähigkeit, Körper, Geist und jetzt auch die Außenwelt (andere Menschen) miteinander zu vereinen, in Ihrem Selbstbewusstsein bestätigt finden, können Sie Ihr Experiment noch vertiefen und es auf das gesellschaftliche Terrain ausdehnen. Geben Sie sich einen Ruck und sagen Sie «ja» zu einer Einladung, die Sie vorher ausgeschlagen hätten (vorausgesetzt, es ist nichts Ödes), laden Sie Freunde zu sich nach Hause ein oder treffen Sie sich mit ihnen in einer Kneipe oder einem Restaurant (oder wo es Ihnen sonst gefällt) und führen Sie Ihr Wohnzimmertänzchen auf öffentlicher Bühne auf.

Um Ihr Leber-Chi dahin gehend zu stärken, dass es Sie bei all diesen Späßen unterstützt, stellen Sie sich jetzt am besten hin, die Füße schulterbreit auseinander, die Knie leicht gebeugt, das Becken etwas nach vorne gekippt, die Wirbelsäule gestreckt, besonders in der Nackenpartie, das Kinn leicht angedrückt, die Hände an den Seiten. Atmen Sie dabei gleichmäßig, tief und fließend, sodass sich Körper und Geist entspannen, und ballen Sie, während Sie tief einatmen, die Hände zu Fäusten.

Machen Sie damit, während Sie weiter einatmen, eine langsame halbkreisförmige Schwingerbewegung wie beim Boxen, bis die Fäuste vor Ihrer Brust zusammentreffen. Öffnen Sie nun die Fäuste, richten Sie die Handflächen nach oben, pressen Sie die Unterarme aneinander und atmen Sie, während Sie Ihre zusammengelegten Ellbogen (allmählich und vorsichtig) in den Oberbauch drücken, langsam mit dem tiefen, volltönenden Leber-Chi-Heilklang «*Sshhhhhhhhhh!*» aus.

Wiederholen Sie diese Übung bis zu neunmal und stellen Sie sich beim Einatmen vor, dass die Atemluft mit Spielfreude getränkt ist, die Ihre Leber (rechts unter den Rippen) sowie den «inneren Wilden» erfüllt. Stellen Sie sich beim Ausatmen vor, wie der «*Sshhhhhhhhhh*»-Luftstrom alles erschlaffte, verbrauchte Chi aus der Leber abtransportiert und durch Ihren Mund hinausbefördert.

Nehmen Sie, wenn Sie fertig sind, ein paar Tropfen des Bach-Blütenmittels «Ackersenf» ein und sprechen Sie die folgende Affirmation:

> «*Mir ist jetzt klar, dass ich mich selber niederdrücke, indem ich mein natürliches, spielerisches Selbst zurückdränge, und dass es vollkommen in Ordnung ist, so lange damit weiterzumachen, wie ich es in jeder Hinsicht als etwas Produktives, als Freude und Bereicherung empfinde. Es steht mir aber auch frei, meinen spielerischen Geist jeweils in der für einen spielfreudigen Geist angemessenen Weise spielen zu lassen. Hiermit löse ich alle Fesseln, die mich an düstere Stimmungen, Selbstbeschuldigungen, Selbsthass, Selbstmitleid und andere Formen der Depression binden. Ich befreie mich jetzt davon, trete heraus und fange an zu spielen.*»

(Hurra!)

BEFREIUNG

VON ÄRGER UND WUT AUF ANDERE

Das Wörtchen «auf» ist hier der springende Punkt. Ärger steigt wie ein heißer Wind, wie ein Schirokko, aus Ihrer Leber auf, wenn sich das Leber-Chi überhitzt und Sie es über die Person ergießen, die scheinbar der Auslöser war – im Allgemeinen allerdings über die nächstbeste Person aus dem Kreis derer, mit denen Sie zusammenleben oder Ihren Arbeitsplatz teilen, oder auch über einen Wildfremden. Letzteres entspräche der neuen Mode für unberechenbare öffentliche Wutausbrüche wie etwa die Wut «auf» Straßen, auf U-Bahnen, auf Busse, auf Flugzeuge, auf die Eisenbahn, vermutlich auch auf das Meer (obwohl mir diesbezüglich keine Fälle bekannt sind) und bald wahrscheinlich auch noch, sofern wir uns nicht aus Wut auf die Erde selbst vom Erdboden sprengen, bevor die Tickets für solche Transportmittel allgemein erschwinglich sind, die Wut auf Raketen und den Weltraum.

Umgekehrt ist es Ihr Leber-Chi, das sich überhitzt, wenn Sie gereizt und verärgert sind und zu Wutanfällen neigen. In beiden Fällen wird durch das Hinwirken auf eine vernünftige «Temperatur» des Leber-Chis die Tendenz zu solchen Wutausbrüchen ebenso verringert wie ihre Intensität und Dauer, wenn es denn doch dazu kommen sollte (und jemand Sie wirklich zur Weißglut bringt), sodass weniger Zeit mit Aktivitäten zur Schadensbegrenzung, auf Unfallstationen von Krankenhäusern oder in den Ausnüchterungszellen von Polizeistationen verschwendet wird. Obwohl es mancher Rechtsanwalt oder Ehetherapeut aus Geschäftsinteresse wahrscheinlich lieber sähe, wenn ich nicht aus dem Nähkästchen plauderte, kommt es Ihnen vielleicht entgegen, sich im Falle eines Wutausbruchs an die folgenden Vorschläge halten zu können:

Trinken Sie zuerst einmal täglich fünf Tassen starken Tee aus getrockneten Chrysanthemenblüten (in Asia- oder Kräuterläden erhältlich, aber nur echte Blüten verwenden, da Instantmischungen stark gesüßt sind), denn das hält die Leber normalerweise kühl. Beim prämenstruellen Syndrom sollten Sie die Dosis auf sieben Tassen erhöhen, es sei denn, Sie sind männlich – dann empfehle ich Ihnen einen Besuch beim Arzt oder Therapeuten.

Kneifen Sie sich so fest mit Daumen und Zeigefinger ins Fleisch zwischen Ihrem großen und dem mittleren Zeh, dass Sie schreien könnten, und führen Sie dabei etwa 24 kleine Kreisbewegungen gegen den Uhrzeigersinn aus. Das «beruhigt» den Feuerpunkt auf Ihrem Lebermeridian, wodurch die Hitze des Windes abnimmt und Sie in die Lage versetzt werden, Ihrem Zorn in einer gesellschaftlich akzeptierten Art Luft zu machen als in Form eines atomaren Rundumschlags.

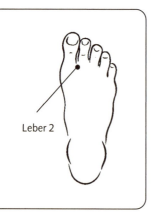

Leber 2

Stellen Sie sich abschließend hin (vorzugsweise vollkommen allein und ungestört), die Füße schulterbreit auseinander, die Knie ein wenig gebeugt, das Becken etwas nach vorne gekippt, die Wirbelsäule lang gestreckt, besonders im Nackenbereich, die Zunge am oberen Gaumen, das Kinn leicht angedrückt, Schultern und Arme völlig entspannt. Drehen Sie nun den Oberkörper aus der Taille von einer Seite zur anderen, wobei Sie sich in jede Richtung ungefähr 20 cm weit drehen, sodass Ihre Arme abwechselnd nach vorn fliegen, als bekäme ein (unsichtbarer) Gegner Schläge ins Gesicht, bei jeder Körperdrehung einen.

Führen Sie jeden Schlag mit flacher Hand aus, aber ballen Sie sie, kurz bevor Ihr Arm fast ausgestreckt ist, locker zur Faust, wodurch eine peitschende Bewegung mit dem befriedigenden Geräusch sanft an die Handfläche klatschender Fingerspitzen entsteht (die Schultern und Arme bleiben die ganze Zeit entspannt). Im passenden Rhythmus zu Ihren Schlägen können Sie nun auch verbal loslegen. Dazu eignet sich am besten ein Mantra, das Sie immer wiederholen – etwas in der folgenden Art:

«*Ich hasse dich, du Schweinehund, ich haue dich zu Brei!*»

Oder etwas ähnlich Geistloses.

Lassen Sie, während Sie diese Schläge in Begleitung eines Schwalls von Flüchen Ihrer Wahl von sich geben, Ihre unsichtbaren Gegner metaphorisch gesprochen zu Brei (oder was immer Sie wollen) werden. Vielleicht verwandelt sich die Person, auf die Sie ursprünglich wütend waren (oder zu sein meinten), auf einmal in Ihren Partner oder Ihre Partnerin (falls es sich dabei nicht um ein und dieselbe Person handelt), dann in Vater oder Mutter und schließlich in alle möglichen Phantasiegestalten (verinnerlichte Personen), darunter möglicherweise sogar ich (obwohl das unwahrscheinlich ist), bis am Ende, wenn Sie Ihren Oberkörper oft genug hin und her geschwungen haben, allmählich Ihr eigenes böses altes Selbst auftaucht. (Eigentlich ist ja auch niemand da außer Ihnen.) Und dann wird überdeutlich klar, dass Sie wirklich ein Dummerchen sind. Richtig, Sie merken plötzlich, dass Sie sich immer viel zu ernst genommen haben. Während Sie das merken, kühlt sich Ihre Leber ab, und vielleicht, aber nur vielleicht, fangen Sie dann leise an zu glucksen, bis Sie schließlich so lachen, dass Ihr Nachbar, der dieses Buch noch nicht gelesen hat, sich davon gestört fühlt, in einem Anfall von nachbarlicher Wut Ihre Tür eintritt und Sie zu Brei schlägt. Geschieht Ihnen ganz recht, wenn Sie so auf mich geflucht haben.

Falls Ihre Wut aber so groß gewesen ist, dass sie noch immer in Ihnen schwelt, sollten Sie aufstehen und den «taoistischen Schrei» ausstoßen.

Stellen Sie sich, wie oben beschrieben, hin, die Arme an den Seiten, und ballen Sie die Hände, nur dass Sie diesmal keine Hiebe austeilen, sondern tief einatmen und sich vorstellen, sie würden all Ihre Wut in einem festen, furchtbar aussehenden Ball sammeln. Heben Sie dann langsam die beiden leicht angewinkelten Arme mit entspannten Schultern an und beschreiben Sie mit den Fäusten einen großen Bogen von der Seite bis vor die Brust, wo die Fingerknöchel sanft gegeneinander stoßen.

Breiten Sie nun die Arme mit den Handflächen nach vorne schwungvoll aus wie ein großer Künstler kurz vor der Verbeugung und lassen Sie durch Ihren vollkommen offenen und entspannten Hals ein Gebrüll von ungeahnten Dimensionen aus den tiefsten Tiefen Ihres Körpers aufsteigen und durch den Mund entweichen, wobei Sie den Laut «*Ha!*» ausstoßen. Lassen Sie den Ton nicht langsam verklingen, sondern brechen Sie abrupt ab und bleiben Sie stocksteif in der plötzlichen Stille stehen, die unweigerlich eintritt. (Auch wenn es bei Ihnen vielleicht nicht ganz so still ist wie gerade hier bei mir in dem alten Steinschuppen oder wie in einer Höhle tief im Innern der Erde.)

In einer Stadt und selbst in einem Dorf können Sie diese Übung wahrscheinlich kaum ausführen, ohne andere aufzuschrecken, die dann aus nächster Nähe mitbekommen, wie Sie immer verrückter werden (und wenn man Sie schließlich abholt, findet man das an dieser Seite aufgeschlagene Buch bei Ihnen, und dann bin ich ebenfalls dran). Aber da es sich nur um einen sehr kurzen, scharfen Schrei handelt, den Sie ohnehin nur zu besonderen Anlässen und höchstens einmal im Monat ausstoßen sollten, weil er ein sehr kraftvolles Ventil für Wut (bzw. heißes Leber-Chi) ist, kommen Sie womöglich noch einmal davon, ohne dass Ihr (derzeitiger) Ruf allzu sehr beschädigt wird. (Man wird denken, dass alles nur Einbildung war.)

Nachdem Sie diese oder eine vergleichbare Übung in Ihr Alltagsleben integriert haben und Ihr Leber-Chi nun eine vernünftige «Temperatur» beibehält, sollten Sie erst einmal neun tiefe Atemzüge lang warten, bevor Sie mit der Person sprechen, die Ihrer Meinung nach der Auslöser für Ihre Wut war. Erklären Sie dann so entspannt und ruhig wie möglich und mit gedämpfter Stimme, dass Sie wütend sind: «*Ich bin wütend*» (so komisch es klingt...). Und weiter: «*Weil ich glaube, dass du ... blablablablabla.*» Und danach: «*Und es wäre mir lieb, wenn du ... blablablablabla.*» Das klingt jetzt alles sehr vernünftig, und da Sie keinen Satz mit «du» angefangen, also keine Schuldzuweisungen gemacht haben, können Sie wohl davon ausgehen, damit keine feindselige Reaktion provoziert zu haben. Es sei denn, der oder die Betreffende hat noch immer nicht dieses Buch gelesen (vielleicht ist es wieder der schreckliche Nachbar) und schlägt Sie jetzt zu Brei, wobei er (oder sie) schreit: «... und deinen ganzen Kommunikationsscheiß kannst du dir sonst wohin schieben.»

Um auszuschließen, dass etwas so Unvorhergesehenes geschieht, visualisieren und suggerieren Sie sich am besten immer wieder (mindestens sechsmal, damit es tief in Ihr Bewusstsein eindringt) Folgendes:

> «*Ich bin ab jetzt in der Lage und willens, meine Reizbarkeit, Angst oder Wut konstruktiv, mitfühlend, bestimmt, höflich und wirkungsvoll zum Ausdruck zu bringen, egal, was anliegen mag und auf wen ich wütend bin.*»

40 BEFREIUNG

VON ÄNGSTLICHKEIT

Ängstlichkeit kann als Sucht (vgl. Kapitel 30) betrachtet und als solche behandelt werden. Da sie jedoch nur schwer klinisch zu beobachten und zu überwachen ist, findet man kaum jemals Angst-Patienten in Kliniken, Reha-Zentren und ähnlichen Einrichtungen. Statt diesbezüglich auf eine Änderung zu warten, können Sie sich lieber selbst behandeln, sofern Sie entschlossen sind, geduldig durchzuhalten, denn Ängstlichkeit ist extrem suchtbildend, und es kann eine Weile dauern, bis sie aus Ihren Schaltkreisen entfernt ist.

In chronischer Form bewirkt Ängstlichkeit, dass Sie Riesenmengen Nieren-Chi, das sonst zur Unterstützung des Nerven- und Immunsystems, des Knochenbaus, des Urogenitalbereichs und der Fortpflanzungsorgane wie überhaupt zugunsten Ihrer Schwung- und Spannkraft bereitstünde, damit verbrauchen, sich unentwegt und voller Pessimismus auf eine imaginäre Zukunft vorzubereiten. Infolgedessen sind Sie wenig effektiv im Umgang mit der Gegenwart, sodass Sie leichter Fehler machen, die Ihnen wiederum Anlass zur Sorge geben. Dadurch wird umgekehrt wieder Ihr Nieren-Chi geschwächt, was zur Folge hat, dass Sie sich noch mehr Sorgen machen, und so geht es weiter wie eine sich selbst erfüllende Prophezeiung.

Wenn Sie hingegen Ihr Nieren-Chi stärken, schwindet Ihre Neigung zur Ängstlichkeit, bis Sie so stabil und ausgeglichen sind, dass Sie sich um nichts mehr Sorgen machen, wie schrecklich und beängstigend die jeweiligen Umstände auch sein mögen.

Ängstlichkeit ist im Wesentlichen die Vorstellung von Angst, die schon ein kleiner (oft ebenfalls imaginärer) Anlass bei Ihnen auslösen kann, um dann (unnötigerweise) im Körper den Ausstoß von Adrenalin anzuregen, das eigentlich nur bei wirklicher Gefahr ausgeschüttet wird, damit Sie in einer Situation auf Leben und Tod Ihre Angst überwinden können, um zu überleben. Adrenalin ist eine Droge wie jede andere auch und bewirkt, dass Sie sich eine Zeit lang als Übermensch fühlen; es ist also stark suchtbildend.

Die Nebennieren, in denen das Adrenalin produziert wird, sitzen im Rücken auf den Nieren, ungefähr hinter dem Magen. In östlichen Heiltraditionen entspricht Adrenalin dem «Nierenfeuer», der (alchemistischen) Kraft, die eine zu starke Abkühlung des (wässrigen) Nieren-Chis verhindert, wodurch sich die Nieren zusammenziehen und Angst auslösen würden.

Wird dieses Adrenalin – das Ihnen helfen soll, wenn Sie selbst in höchster Gefahr schweben oder um das Leben anderer fürchten müssen, zu deren Schutz Sie sich verpflichtet haben – ständig ins Blut abgegeben, schwächt es allmählich die Nebennieren. Diese produzieren dann immer weniger Adrenalin, und im Augenblick einer wirklichen Gefahr werden Sie sich möglicherweise vollkommen idiotisch verhalten.

Die unmittelbare Folge ist jedoch die, dass das Adrenalin bzw. Nierenfeuer immer kraftloser wird, und irgendwann zu schwach ist, um das Nieren-Chi noch ausreichend warm zu halten. Das kann dann nicht mehr fließen oder erstarrt sogar ganz, wodurch extreme Angstzustände bis hin zu Panikattacken und Paranoia ausgelöst werden. Überhaupt wird der gesamte Körper in Mitleidenschaft gezogen, sodass sich die Anfälligkeit für eine ganze Reihe körperlicher Beschwerden erhöht (auf die hier nicht näher eingegangen werden kann, da ich weder Sie noch mich zu Tode langweilen will und dieses Buch kein pseudomedizinischer Selbsthilferatgeber voller Tabellen sein soll).

Sie produzieren Angst, um das Nierenfeuer zu schüren, weil Sie süchtig danach sind (und dieses Feuer zu sehr lieben). Daraufhin projiziert Ihr Geist zwischen den Standbildern, die 24-mal pro Sekunde wechseln, um die Illusion eines kontinuierlichen Handlungsablaufs zu schaffen, die Angst – ohne dass Sie es merken – auf das erste plausible «Objekt», das er finden kann. Anschließend sorgt er geschickt dafür, dass es so aussieht, als sei das ausgewählte Objekt die eigentliche Ursache der Angst (wie ein guter Zauberer – und es gibt keinen besseren Zauberer als den eigenen Geist). Sie erhalten zum Beispiel die Nachricht, dass Ihre Ersparnisse bedroht sind, und machen sich daraufhin, so scheint es jedenfalls, Sorgen. In Wahrheit sorgt Ihr Unterbewusstsein, das ständig auf der Suche nach einer Rechtfertigung für die Ausschüttung der Droge Adrenalin ist, dafür, dass Ihnen das Finanzthema nicht aus dem Kopf geht – gerade weil es Angst auslöst und dadurch die Nebennieren auf den Plan ruft. Jemand, dessen Nieren-Chi im Gleichgewicht ist, sagen wir jemand mit einer soliden Konstitution, würde in der gleichen Situation seiner Finanzlage zwar Bedeutung beimessen, sich jedoch nicht ängstigen oder sorgen, sondern die Sache unter den gegebenen Umständen möglichst vorteilhaft erledigen, ohne kostbare Energie zu verschwenden.

Um Ihr Nierenfeuer zu stabilisieren, Ihr Nieren-Chi zu stärken und sich von den Lebensängsten zu befreien, die Sie sich zur Gewohnheit gemacht haben, inspizieren Sie jetzt sofort Ihre (unbekleideten) Unterschenkel, besonders den inneren Fußknöchelbereich. Die Vorderseite dieses Knöchels weist geradewegs zum dicken Zeh und die Hinterseite geradewegs zur Achillessehne oberhalb der Ferse. Ziehen Sie nun eine Linie von einem Punkt dicht hinter dem Knöchel (in etwa 2 cm Abstand vom Schienbein) bis zu einem Punkt etwa 4 cm oberhalb des Knöchels, wo Sie eine kleine Vertiefung finden. Üben Sie mit dem Daumen mit Kraft und Überzeugung maximal 80 Sekunden lang so festen Druck auf diesen Punkt aus, dass ein starker, aber angenehmer Schmerz spürbar wird, der seitlich und bis in die Wade ausstrahlt. Verfahren Sie mit dem anderen Bein genauso. Führen Sie die Übung 90 Tage lang täglich oder immer dann aus, wenn Sie besonders ängstlich sind, vorzugsweise gegen 17 Uhr, denn zu diesem Zeitpunkt sind Nierenfeuer und Nieren-Chi besonders sensibel.

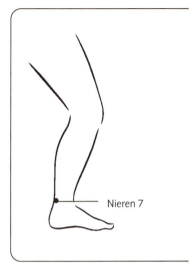

Nieren 7

Pressen Sie als Nächstes Daumen und Zeigefinger zusammen und drücken Sie mit der Fläche, die so entsteht, genau in die Mitte Ihres Kreuzbeins. Reiben Sie auf dieser Stelle maximal 90 Sekunden lang kräftig, aber doch sanft hin und her; etwa 1 cm zu jeder Seite, um so die Produktion und Zirkulation des Nierenfeuers anzuregen. Nebenbei wird dadurch auch die Sexualenergie gesteigert.

Stemmen Sie, um der Blockierung oder «Vereisung» des Nieren-Chis vorzubeu-

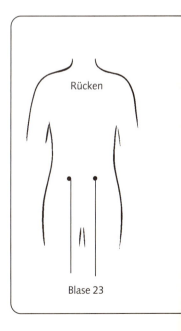

Rücken

Blase 23

gen, es wieder zum Fließen zu bringen und eine Verkrampfung in diesem Bereich zu verhindern oder aufzulösen, die Hände in die Hüften. Üben Sie mit den Daumen da, wo sie sich jetzt befinden, in etwa 5 cm Abstand zur Wirbelsäule neben den Muskelsträngen (die, wie Sie inzwischen wohl wissen, wenn Sie bis hierher aufmerksam gelesen haben und nicht gerade unter Gedächtnisschwund leiden, rechts und links davon verlaufen) maximal 120 Sekunden lang genügend Druck aus. Damit erzeugen Sie einen starken, aber angenehmen Schmerz, der nach beiden Seiten hin zum Bauch hinunter oder hinein ausstrahlt. Atmen Sie anschließend, wenn der Schmerz einem Wohlgefühl weicht, einmal (oder auch mehrmals) bewusst tief ein und aus und suggerieren Sie sich gefühlvoll und mit Überzeugung:

«Angst und Sorge zu empfinden liegt in meiner Macht. Nichts kann mich mehr dazu zwingen, es sei denn, ich habe immer noch Freude daran und finde es produktiv. Sonst aber kann (und will) ich mich von jetzt an dazu entschließen, auf (den Gedanken an) alle möglichen und tatsächlichen Herausforderungen zu reagieren, indem ich mich entspanne, mir selbst zutraue, dass ich damit fertig werde, und darauf baue, dass die Wirklichkeit alles zum Besten wendet (was sie unweigerlich tun wird).»

Oder sagen Sie einfach:

«Angst und Sorge, verzieht euch! Ich entspanne mich lieber, bin locker und lasse der Wirklichkeit ihren Lauf.»

Also entspannen Sie sich, seien Sie locker und lassen Sie der Wirklichkeit ihren Lauf. Das ist besser.

BEFREIUNG

VON DEM GEFÜHL, ETWAS ZU VERPASSEN

Es ist unmöglich, etwas zu verpassen. Wo immer Sie sind, sind Sie genau im Zentrum des Geschehens (was Sie selbst betrifft). Je mehr Sie bereit sind, das einzusehen, desto fester verankern Sie sich in Ihrer Mitte (und umgekehrt) und desto mehr Leute werden sich zu Ihnen hingezogen fühlen, bis Sie schließlich der stärkste soziale Magnet sind, den diese Welt je gesehen hat. Je weniger Sie bereit sind, das einzusehen, desto eher glauben Sie, dass die Action irgendwo anders stattfindet. Folglich sind Sie weniger zentriert, sodass sich entsprechend weniger Leute zu Ihnen hingezogen fühlen und Sie im Umkehrschluss noch verzweifelter herumrennen und anderen hinterherjagen in dem vergeblichen Bemühen, zum Mittelpunkt des Geschehens vorzudringen.

Das Gefühl, etwas zu verpassen, setzt sich aus vier Faktoren zusammen, die sich zum Teil überschneiden: Unzufriedenheit mit der gegenwärtigen Situation, Angst, von der Wirklichkeit enttäuscht zu werden, einem angeschlagenen Selbstwertgefühl und einem schlechten Erinnerungsvermögen.

Situationen sind nur relativ gesehen gut oder schlecht. Wenn Sie gerade zwei Beinbrüche überstanden haben, mutet Sie ein kleiner Spaziergang um die Ecke geradezu paradiesisch an. Wenn Sie dagegen von einer zweimonatigen Trekkingtour in den Anden mit anschließendem 14-tägigen Faulenzen in der Sonne von Punto d'Este zurückgekehrt sind, ist ein Spaziergang um den Block keine große Sache und wird von Ihnen womöglich gar nicht richtig wahrgenommen. Ihre gegenwärtige Situation mag in Ihren Augen vielleicht nicht genügend Anreiz oder Spannung bieten, aber im Vergleich zum Zustand des Todes ist sie (soviel man weiß) mindestens so aufregend wie die tollste Hochsommerparty mit lauter berühmten Hollywoodstars auf der größten Yacht von St. Tropez. Gewöhnen Sie sich an diese Sichtweise auf die Dinge, und alles, was Sie über Ihre Atemzüge hinaus erleben, ist ein Bonus. Ihre Unzufriedenheit hat weniger etwas mit Ihrer Situation zu tun, als vielmehr mit einem Mangel an Milz-Chi (auch wenn es zu dem gegebenen Zeitpunkt anders aussehen mag). Wenn Ihr Milz-Chi stark ist, sind Sie mit Ihrer gegenwärtigen Situation zufrieden, wie relativ unbefriedigend sie auch ist. Umgekehrt wird, wenn Sie unzufrieden sind, Ihr Milz-Chi geschwächt.

Sich so, wie man ist, «ganz» zu fühlen, als vollständiges Selbst, und die Gewissheit zu haben, da zu sein, wo man sein soll, wie unvollkommen einem die Situation auch erscheinen mag, kurz: intuitiv zu spüren, dass man immer im Mittelpunkt des Geschehens ist, komme, was wolle, dieses Gefühl entspringt einem starken Herz-Chi. Hingegen wird das Gefühl, es fehle einem etwas im Leben, obwohl eigentlich gar nichts fehlt, durch einen Mangel an Herz-Chi verursacht. Umgekehrt wird das Herz-Chi stärker, wenn man das Leben so, wie es ist, rund und komplett findet, während es schwach wird, wenn man der Ansicht ist, dass einem etwas fehlt.

Das Gefühl, gerade etwas zu verpassen, an dem alle anderen ihre Freude haben dürfen, nur Sie nicht, entsteht dadurch, dass Sie das Vertrauen verloren haben, die Wirklichkeit würde alles zum Besten wenden – ganz abgesehen davon, dass Ihr Misstrauen Selbstbetrug ist und den Tatsachen nicht entspricht (die Chancen, als Einzige(r) ausgeschlossen zu werden, sind ziemlich gering). Wenn Sie eine Party versäumt haben, kommt Ihnen bestimmt keine Sekunde lang der Gedanke, dass es vielleicht nur deshalb nicht hat sein sollen, weil Ihnen, wenn Sie hingegangen wären, dieses eine Mädchen (bzw. dieser eine Typ) den Kopf verdreht und das Herz gebrochen hätte oder Ihr Taxi auf dem Heimweg von Terroristen entführt worden wäre – oder doch? Wenn Sie hingegen auf die Wirklichkeit vertrauen, wissen Sie einfach, dass es wahrscheinlich ein Segen ist, ganz allein zu sein und fernzusehen, weil es wohl so und nicht anders sein soll.

Auch dann auf die Wirklichkeit zu bauen, wenn Sie schwören könnten, dass es der helle Wahnsinn ist, setzt voraus, dass Sie keine Angst haben, und das ist nur bei einem starken Nieren-Chi möglich. Bei schwachem Nieren-Chi sind Sie ängstlich und setzen selbst dann kein Vertrauen in die Wirklichkeit, wenn eigentlich alles nach Ihren Wünschen geht. In diesem Fall ist die Wirklichkeit beleidigt, sie verliert vorübergehend das Interesse an Ihnen und trollt sich, um mit jemand anderem zu spielen, dem mehr an ihr gelegen ist. Sie fühlen sich im Stich gelassen (weil Sie die Wirklichkeit in Ihrem Wahn gar nicht mehr sehen) und finden es begründet (und gerechtfertigt), ihr fortan nicht mehr zu trauen – was Sie allerdings noch ängstlicher macht und Ihr Nieren-Chi noch mehr schwächt.

Sie vergessen, dass manchmal auch Sie selbst im Mittelpunkt des Geschehens stehen und sich nicht retten können vor hübschen Männern oder Frauen, alle Lacher auf Ihrer Seite haben und ständig zu allen Top-Events eingeladen werden. So gewiss, wie aus Yin Yang und aus Yang Yin wird, werden auch Sie das bekommen, was Sie sich ersehnen, wenn Sie nur warten. Dies zu vergessen liegt an einem schlechten Erinnerungsvermögen, und das wiederum wird durch schwaches Milz-Chi verursacht – denn das ist für die Gedächtnisleistung verantwortlich.

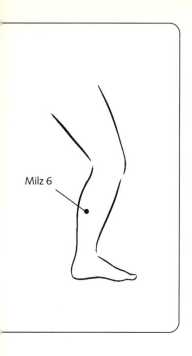

Milz 6

Um die optimalen energetischen Bedingungen dafür zu schaffen, sich immer im Mittelpunkt des Geschehens zu fühlen, sollten Sie sich einmal Ihren rechten Unterschenkel vornehmen. Ziehen Sie eine Linie vom Innenknöchel zwischen Wadenmuskel und Schienbein seitlich am Bein aufwärts, bis Sie etwa 8 cm oberhalb der Knöchelmitte (mit Feingefühl bitte!) eine leichte Vertiefung ertasten, auf die Sie mit dem Daumen oder einem improvisierten Massagegerät, etwa dem stumpfen Ende eines Essstäbchens, maximal 70 Sekunden lang sanften Druck ausüben, bis ein starker, aber angenehmer Schmerz entsteht, der bis in den Knöchel zurück ausstrahlt. Verfahren Sie mit dem linken Bein genauso. Dieser Punkt ist einer der stärksten auf dem Milzmeridian, und seine Stimulierung regt das Milz-Chi dazu an, die Gedächtnisleistung zu steigern und für ein höheres Maß an Befriedigung zu sorgen. Der Punkt steht auch mit dem Nierenmeridian (und darüber hinaus mit dem Lebermeridian) in Verbindung, dessen Reizung zum Abklingen der Existenzangst führt.

Betrachten Sie als Nächstes Ihre rechte Handfläche und ziehen Sie eine gerade Linie von der Spitze des kleinen Fingers aus bis zu den feinen Fältchen am Handgelenk. Dieser Kreuzungspunkt ist das so genannte «Tor des Geistes» auf dem Herzmeridian, und seine Stimulierung verstärkt unter anderem das Gefühl, vollständig zu sein, so, wie Sie sind. Üben Sie (wie oben beschrieben) nicht länger als 70 Sekunden so viel sanften Druck darauf aus, dass ein Schmerz spürbar wird, der bis in Ihren kleinen

Finger zurück ausstrahlt, und wiederholen Sie die Übung dann mit der linken Hand.

Setzen Sie sich nun bequem mit relativ geradem, aber nicht angespanntem Rücken hin und lassen Sie Ihren Atem in einen fließenden, gleichmäßigen, entspannten Rhythmus übergehen. Schließen Sie die Augen, lassen Sie Ihre bewusste Aufmerksamkeit in den Unterbauch absinken und konzentrieren Sie sie dort auf das so genannte «Meer der Energie», Ihren Schwerpunkt. Machen Sie sich die endlosen Aktivitäten all der (sechs Milliarden und mehr) Menschen auf diesem Planeten bewusst und visualisieren Sie sich selbst als den Nabel des ganzen Geschehens (denn

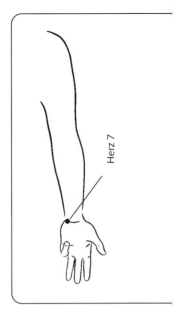

so, wie Sie es sehen, wird es auch sein). Intensivieren Sie diese Vorstellung noch, indem Sie sich so lange, bis es als unaufhörlicher Ohrwurm durch Ihre Gedankenwelt zieht, Folgendes suggerieren:

> «Ich bin immer zur richtigen Zeit am richtigen Ort, tue das Richtige und erziele damit die richtigen Ergebnisse.»

BEFREIUNG

42

VON DEM GEFÜHL,
ZU LEICHT BEEINFLUSSBAR ZU SEIN

Dieses Gefühl entsteht, wenn Sie kein besonders harmonisches Verhältnis zu sich selbst haben und infolgedessen nie wissen, was Sie wollen, und schlecht nein sagen können, wenn Ihnen ein Vorschlag nicht passt, aus Angst, jemanden damit vor den Kopf zu stoßen oder zu verärgern und dann links liegen gelassen zu werden.

So etwas passiert immer dann, wenn eine Disharmonie zwischen «Feuer» und «Wasser» bzw. Herz- und Nieren-Chi vorliegt. Das Herz-Chi kontrolliert Ihr Selbstwertgefühl und den nötigen inneren Dialog für dessen Stärkung, während das Nieren-Chi verhindert, dass Sie von Angst beherrscht werden, und Ihnen die Willensstärke gibt, sich auszuleben (und zu tun, was Ihnen gefällt).

Fangen Sie deshalb gleich an, Ihr Herz- und Nieren-Chi diesbezüglich zu unterstützen, indem Sie Ihre Hände zu Fäusten ballen und mit deren Unterseite (wo der kleine Finger sitzt) sanft und in einem gleichmäßigen Rhythmus etwa 180 Sekunden lang auf die Mitte Ihres Brustbeins trommeln, während Sie gleichzeitig so tief und volltönend, wie es Ihnen ohne größere Anstrengung gelingen will, den taoistischen Herz-Chi-Heilklang «*Haaaaaaaaaah!*» singen.

Brechen Sie, wenn Sie mit Singen fertig sind, abrupt ab, breiten Sie die Arme aus, als wollten Sie einen lieben Menschen umarmen, und führen Sie die Hände dann mit Ihnen zugewandten Handflächen langsam zusammen, bis sich die Fingerspitzen berühren. Ziehen Sie die Hände nun gefühlvoll zur Brustmitte, um mit dieser Geste zu zeigen, dass Sie dort fest verankert sind und in sich ruhen, und erklären Sie aus dieser sanften, beruhigenden Selbstumarmung heraus:

«Ich bin jetzt vollkommen eins mit mir selbst.»

(Oder etwas Ausgeflippteres, falls Ihnen etwas Passendes in den Sinn kommt.)

Reiben Sie sich anschließend, während Schultern und Arme locker und entspannt sind, mit Auf- und Abwärtsbewegungen der Handrücken (7 bis 10 cm in beiden Richtungen) etwa 200 Sekunden lang den Rücken zwischen Taille und unterem Rippenrand und atmen Sie dabei langsam, gleichmäßig und fließend. Brechen Sie, wenn Sie nach Nierenlust gerieben haben, jäh ab und lassen Sie die erzeugte Hitze von den Händen in den Rücken eindringen. Atmen Sie nach einiger Zeit (die Handrücken noch immer im Rücken oder Kreuz) tief ein, beugen Sie sich langsam aus den Hüften (entweder im Sitzen oder aus dem Stand mit gestreckten Beinen und nur minimal angewinkelten Knien) nach vorne, so weit Sie mühelos kommen, ohne Ihren Rücken zu überanstrengen, und intonieren Sie dabei so tief und volltönend wie nur möglich den taoistischen Nieren-Chi-Heilklang «*Fffuuuuuiiiiiiiii!*». Brechen Sie, bevor Ihnen die Luft ganz ausgeht, wieder abrupt ab und richten Sie den Oberkörper gerade auf, während Sie einatmen und sich auf die nächste Runde vorbereiten. Legen Sie, wenn Sie die Übung sechsmal hinter sich gebracht haben, die Hände in den Schoß und verkünden Sie entschlossen:

«Ich treffe meine Entscheidungen selbst. Ich treffe meine Entscheidungen selbst. Und wie sehr mich andere auch ins Wanken bringen mögen, ich bleibe bei meiner Entscheidung. Ich bleibe bei meiner Entscheidung.»

BEFREIUNG

VON DER VERGANGENHEIT (UND DER ZUKUNFT)

Werden Sie sich Ihrer Atmung bewusst. Lassen Sie den Atem in einem fließenden Rhythmus ein- und ausströmen, und da – in der fast unmerklichen Nanosekunde zwischen dem Ein- und dem Ausatmen ist der Kern des gegenwärtigen Augenblicks. Die Atemluft in Ihrer Lunge ist das Stück Vergangenheit, das Sie maximal physisch festhalten können. Und wenn Sie ausatmen, dehnen Sie sich so weit in die Zukunft, wie es (physisch) maximal möglich ist. Alles, was außerhalb dieses Rahmens liegt, besteht nur in Ihrer Erinnerung oder Vorstellung.

Vielleicht beobachten Sie Ihre Atmung jetzt gleich einmal auf diese Weise und denken beim Einatmen «Vergangenheit», in der Lücke zwischen dem Ein- und dem Ausatmen «Jetzt» und beim Ausatmen «Zukunft», und Sie werden angenehm überrascht nach nur neun vollen Atemzyklen feststellen, wie gestärkt und erfrischt Sie sind.

Wenn Sie das Buch bis hierher der Reihe nach gelesen und sich an meine Techniken gewöhnt haben, vermuten Sie jetzt ganz richtig, dass es nun um Ihr Lungen-Chi gehen muss, da es dafür zuständig ist, Sie im Hier und Jetzt zu halten. Das gilt, was den Atem betrifft, augenscheinlich sowohl für die physische als auch für die metaphysische Ebene, denn wie Sie wissen, befördert Sie ein länger als nur einige Minuten andauernder Atemstillstand in die endgültige Vergangenheit.

Bei einem schwachen Lungen-Chi atmen Sie nicht vollständig aus, hängen also an der Vergangenheit (an der Luft, die Sie eingeatmet haben). Dadurch häuft sich die Energie aus der Vergangenheit in Ihrer Lunge, bleibt dort stehen und erschwert Ihnen die bewusste Wahrnehmung des gegenwärtigen Augenblicks, sodass Sie Ihr Leben verpassen, da das meiste davon unbemerkt an Ihnen vorbeigeht. Wenn Ihr Lungen-Chi hingegen überhitzt oder im Übermaß vorhanden ist, werden Sie infolge der in Ihrer Brust aufflammenden Sucht nach Adrenalin (Nierenfeuer) Ihre Zeit gerne damit verbringen, Szenarien von Erfahrungen, die Sie in der Vergangenheit gesammelt haben, in eine imaginäre Zukunft zu projizieren – und auch so das wirkliche Leben verpassen, das sich nun mal ausschließlich im gegenwärtigen Augenblick abspielt.

Um den Prozess in Gang zu setzen, durch den Sie jeden einzelnen Augenblick Ihres Lebens von jetzt an bis zu Ihrem Tod auf optimale Weise nutzen können, indem Sie sich der Qualität des «Jetztseins» voll bewusst werden, sollten Sie sofort damit beginnen, Ihre Lungenenergie folgendermaßen ins Lot zu bringen:

Schauen Sie Ihre rechte Handfläche an und finden Sie die Nahtstelle zwischen Daumenballen und Handgelenkfalte. Pressen Sie den Daumen der linken Hand auf den Punkt dicht über der Schlagader. Das ist der so genannte Quellpunkt des Lungenmeridians. Wenn Sie bis zu 70 Sekunden lang anhaltenden Druck auf diesen Punkt ausüben und dabei genügend Kraft anwenden, um einen starken, aber angenehmen Schmerz zu erzeugen, der durch Ihr Handgelenk und bis in Ihren Daumen ausstrahlt, zieht Ihr Lungenmeridian mehr Chi aus seiner elementaren Quelle, der Luft (traditionell eigentlich als «Metall» bezeichnet, aber das ist in diesem Zusammenhang unerheblich). Dies trägt dazu bei, Ihren inneren Energiehaushalt ins Gleichgewicht zu bringen, und hilft Ihnen, zentriert zu bleiben (und folglich nicht mehr als unbedingt nötig an der Vergangenheit zu haften oder in die Zukunft zu projizieren).

Atmen Sie nun tief ein; atmen Sie aus, während Sie die Arme über den Kopf strecken, um Ihre Brust zu weiten und die Lungenkapazität zu verbessern, wobei Sie wie eine Schlange zischen: «Ssssssssss!» (der taoistische Lungen-Chi-Heilklang). Anschließend atmen Sie erneut ein, wobei Sie die Arme wieder sinken lassen. Diese Übung wiederholen Sie bis zu neunmal und stellen sich dabei vor, dass der Zischlaut das Geräusch eines Hochdruckreinigers ist, der Ihre Lunge von innen säubert und mit neuer Kraft erfüllt.

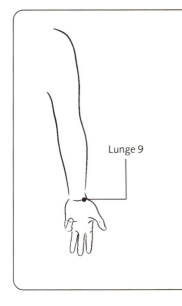

Lunge 9

Stellen Sie sich zum Schluss hin, die Füße schulterbreit auseinander, die Knie leicht angewinkelt, das Becken etwas nach vorne gekippt, die Wirbelsäule gestreckt, besonders im Nackenbereich, das Kinn auf die Brust gedrückt und die Hände wie zum Gebet vor der Brust zusammengelegt, und erteilen Sie Ihrem Geist folgenden Befehl:

«Ich lasse jetzt die Vergangenheit vollständig los und damit zugleich alles (Dinge und Menschen), was ich in meinem Leben nicht länger mit mir herumschleppen will.»

Holen Sie nun tief Luft, entspannen Sie die Schultern und denken Sie an all die Dinge und Situationen (Angst, Zweifel, Ungeduld, Intoleranz, Selbsteinschränkung, Selbstbeschuldigung, Krankheit, Stress usw.), die

Sie weder erhalten noch wiederaufleben lassen wollen, und an Leute, denen besser damit gedient wäre, sich (zumindest eine Zeit lang) von Ihnen fern zu halten. Heben Sie die Arme seitlich bis auf Schulterhöhe, als hingen Sie an einem Kreuz, die Handflächen nach hinten gerichtet, und atmen Sie (wie) durch die Mitte Ihrer Handflächen hindurch das Wesen all dessen aus, was Sie loswerden wollen.

Atmen Sie (erneut) ein, drehen Sie die Handflächen nach vorne, halten Sie die leicht angewinkelten Arme weit ausgebreitet, als wollten Sie jemanden umarmen, stellen Sie sich vor, dass Sie den gegenwärtigen Augenblick und all das Gute, das er Ihnen zu bringen vermag, willkommen heißen, und sagen Sie:

> «Ich heiße diesen Augenblick willkommen und all das Gute, das er mir in der Form, die für mich zurzeit am besten ist, bringt – unter anderem Gesundheit, ein langes Leben, Frieden, Liebe, Kameradschaft, Wohlstand, Erfolg, Freude, Erfüllung, Spannung, Abenteuer und was ich mir sonst noch wünsche.»

(Ersetzen Sie diese Aufzählung durch eine eigene «Liste», wenn Ihnen das lieber ist.)

Sie können die Übung bis zu neunmal wiederholen bzw. bis Sie das Gefühl haben, aus ganzem Herzen, ganzer Seele und mit ganzem Verstand bei der Sache gewesen zu sein, und dann sagen, singen oder murmeln Sie vor sich hin:

> «Ich grüße, was da kommen mag,
> und lasse ab vom nächsten Tag;
> ich bin in diesem Augenblick
> und hole mir jetzt meinen Kick.»

Und nun los, auf zum Spielen!

BEFREIUNG
VON GRAM

44

Wie bereits an anderer Stelle erwähnt, war ich das letzte Mal einen Tag nach Ronny Laings Tod oben auf dem Engelberg, und zwar am 14. August 1989, soweit ich mich erinnere, aber ich hatte noch keine Zeit, durch das Drücken irgendwelcher Milzpunkte festzustellen, ob das stimmt. Wie das Leben so spielt, war es Jebs Geburtstag, und wir feierten draußen im Grünen, tranken Champagner und ließen Jeb und Ronny zusammen hochleben. Und ich weiß noch, dass ich, während sich Tränen in die Champagnerbläschen mischten, unbändig zu lachen anfing, bis ich so von Lachanfällen geschüttelt wurde, dass ich beinahe daran erstickt wäre.

Und im Januar 1996, als wieder ein lieber Freund und Mentor starb, der mein Leben geprägt hat, nämlich Frank Kramer, der Mann, der mir gewissenhaft beibrachte, wie man trotz allen Leids und Wirrwarrs im Leben weiteratmet, bis es vorübergegangen ist (was mit allem geschieht, wenn man lange genug atmet), und als wieder Trauer in mir aufzusteigen begann, da bekam ich zum zweiten Mal unter Tränen Lachanfälle.

Gram schwächt das Lungen-Chi und sorgt dafür, dass es ins Stocken gerät. Beim Trauern pflegen wir für eine gewisse Zeit nicht richtig zu atmen, was an unserer (bereits erwähnten) Tendenz liegt, uns an die Vergangenheit zu klammern – die Erinnerung an die Person, die wir verloren haben (in diesem Fall durch Tod, aber es gilt auch für weniger endgültige Verluste wie etwa eine Trennung). Lachanfälle sind ebenso wie das Weinen ein Mittel, zu dem der Körper greift, um das Zwerchfell zu entspannen und die Lungenfunktion wieder zu normalisieren, und sie sind in solchen Zeiten nicht unbedingt ein Anzeichen für eine abartige, makabre Denkweise.

In den ersten drei Tagen nach dem Tod eines Menschen sind dessen Geist und Energie bis zu einem gewissen Grad noch immer anwesend, und es ist angemessen, ihn dadurch zu ehren, dass Sie diese kostbare Zeit in seiner (zwar unsichtbaren, aber, wenn Sie nicht gänzlich gefühllos sind, doch spürbaren) Gegenwart verbringen. Denn in dieser Phase, während Sie sich, noch unter Schock, vollkommen Ihrem Gram hingeben und allen Gefühlsergüssen, dem Lachen und dem Weinen, überlassen und öffnen, können Sie als Abschiedsgeschenk des Toten die Essenz seiner gesammelten Weisheit empfangen, soweit sie Ihr eigenes Leben betrifft. Anders ausgedrückt: Der Betreffende wird zu Ihnen sprechen, wenn Sie dafür empfänglich sind, und Ihnen – in Fortführung Ihres bisherigen Dialogs mit ihm – alles sagen, was Sie wissen müssen.

Nach etwa drei Tagen ist die Seele des Verstorbenen bereits so weit entfernt, dass der Kontakt allmählich abbricht. Jetzt ist es an Ihnen, ihn ziehen zu lassen, denn jeder eitle Versuch Ihrerseits, sich an ihn zu klammern, wird ihn nur fester in negative Energie einhüllen, die ihn verlangsamt. Und das ist eine Qual, wenn man gerade versucht, sich von der irdischen Welt zu lösen – so habe ich es jedenfalls gehört. Danach, so heißt es, muss die Erde noch etwa zweimal um die Sonne kreisen (zwei Jahre oder acht Jahreszeiten lang), bis Sie vollends von Ihrem tiefen Gram geheilt sind und wieder das Gefühl haben, Ihr Leben auch ohne die physische Anwesenheit desjenigen voll und ganz leben zu können.

Je stärker Sie Ihr Lungen-Chi zum Fließen anregen können, umso schneller, leichter und schmerzloser werden Sie von der Trauer befreit sein. Zu diesem Zweck sollten Sie jetzt sofort die Innenseite Ihres (unbekleideten) Arms inspizieren, besonders den Punkt, der in der Armbeuge zwischen den zwei Sehnen liegt. Üben Sie mit dem Daumen (der anderen Hand, es sei denn, Sie haben noch sonst wo einen freien Extradaumen) maximal 40 Sekunden lang genügend sanften Druck auf diesen Punkt aus, um einen halb lähmenden Schmerz als Starthilfe für Ihr Lungen-Chi zu erzeugen. Der Punkt darf nur in Extremsituationen, etwa bei tiefer Trauer oder einem schweren Asthmaanfall, stimuliert werden, da er hochwirksam ist und bei willkürlicher Reizung das Lungen-Chi völlig durcheinander bringt.

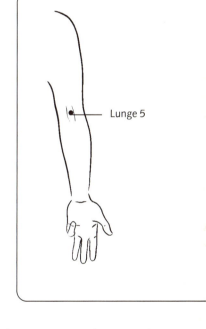

Lunge 5

Zerreißen Menschen, die man von Herzen liebt und achtet, vor uns den Schleier, um zur anderen Seite hinüberzugehen, verliert das Sterbenmüssen etwas von seiner Bedrohlichkeit. Wenn sie es für gut erachten, zu gehen und nicht wiederzukommen, dann muss es auch für Sie und mich in Ordnung sein. Tatsache ist – und das wird Ihnen jeder Wissenschaftler bestätigen –, dass Energie und infolgedessen auch Bewusstsein nicht zerstört, sondern nur verlagert werden kann. Und dass man sie nicht länger sieht, heißt nicht, dass sie nicht mehr da ist. Sagen Sie einfach:

«Es gibt kein Ende und auch keinen Start,
nur ein Kontinuum.
Es ist Theater, es ist ‹Art›,
und du spielst darin einfach deinen Part.»

Da sehen Sie's, nun habe ich Sie sogar schon dazu gebracht, meinen Vers zu wiederholen.

BEFREIUNG
VON VERGESSLICHKEIT

«Äh ... ähhh ...» (die unsterblichen Worte von George W. Bush). Jetzt habe ich vergessen, was ich sagen wollte. (Ächz!) Was durchaus daran liegen könnte, dass der Weg zum Haus viel zu weit ist und mich völlig aus dem kreativen Fluss bringen würde, dass aber alles, was ich im Schuppen noch zu essen habe, Sonnenblumenkerne sind, wovon ich inzwischen so reichlich genossen habe, dass ich inwendig mein eigenes Sonnenblumenfeld bestellen könnte, und infolgedessen dürfte mein Milz-Chi ein wenig schwach geworden sein.

Das Milz-Chi soll über das Erinnerungsvermögen herrschen, das mit zunehmendem Alter (und schwächer werdender Milz) lückenhaft zu werden pflegt, sodass Sie keinen Zugriff mehr haben auf Bilder, Definitionen, Namen, Gesichter, die Stellen, wo Sie Ihre Autoschlüssel hingelegt haben, und überhaupt alle Arten von Daten Ihres (soweit wir wissen) unbegrenzten Erinnerungsspeichers, der wiederum dem Herz-Chi untersteht. Ein teilweiser bis totaler Gedächtnisausfall tritt also dann auf, wenn der Strom des Herz-Chis ernstlich und manchmal sogar für immer unterbrochen ist, während allgemeine Vergesslichkeit – die Unfähigkeit des Erinnerungsvermögens, Daten und Dokumente wiederzufinden – durch ein schwaches Milz-Chi verursacht wird.

Suggerieren Sie sich durch einen mentalen Befehl: «*Ich habe jetzt freien Zugang zu Daten und Dokumenten, ich habe ein perfektes Erinnerungsvermögen.*» Betrachten Sie dann die Innenseite Ihres rechten Fußes. An der Wurzel Ihres großen Zehs springt seitlich der Fußballen vor (ein Knubbel, der prädestiniert ist für entzündliche Überbeine). Da, wo der harte Teil der Fußsohle mit dem weichen Fleisch des oberen Fußes zusammentrifft, finden Sie, wenn Sie auf diese Stelle mit dem Daumen oder einem improvisierten Gerät, zum Beispiel dem rundlichen Ende eines kleinen Kristalls, Druck ausüben, den Quellpunkt des Milzmeridians. Ausreichender Druck, der einen starken, aber angenehmen Schmerz auslöst, verbunden mit maximal 36 kreisförmigen Bewegungen, durch die das Fleisch gegen den Knochen geschoben wird, regt den Milzmeridian dazu an, seiner elementaren Quelle, der Erde, mehr Chi zu entnehmen und damit Ihr Gedächtnis zu unterstützen. Geben Sie außerdem jeden Morgen gegen elf Uhr (wenn der Milzmeridian besonders sensibel ist) einen kleinen Klecks Meerrettich auf Ihre Zungenspitze, dessen Geschmack allein schon genügt, um das Chi zu kräftigen.

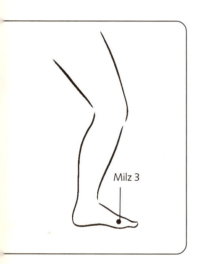

Man nimmt an, dass das Milz-Chi auch den Muskeltonus reguliert. Bei schwachem Milz-Chi wird die Spannkraft der Muskeln trotz entsprechender Übungen nachlassen. Bei starkem Milz-Chi hingegen bleibt die Spannkraft selbst ohne entsprechendes Training erhalten. Dasselbe gilt für das Erinnerungsvermögen, das in dieser Hinsicht mit Muskeln verglichen werden kann. Je mehr die Erinnerungskräfte durch Übungen trainiert werden, umso stärker reagieren sie auf die oben beschriebene Reizung. Nehmen Sie sich deshalb regelmäßig Zeit, um Ihrem Gedächtnis spielerisch auf die Sprünge zu helfen, indem Sie sich zum Beispiel neue Worte aneignen, Gedichte auswendig lernen, Fremdsprachen pauken, auf Cocktailpartys die Namen anderer Leute zu behalten versuchen (indem Sie die Namen, nachdem Sie sie zum ersten Mal gehört haben, im Geiste sechsmal wiederholen und ihnen ein Gesicht zuordnen) oder sich Musikstücke einprägen.

Eigentlich wollte ich noch etwas anderes sagen ... ich kann mich nicht mehr erinnern, was, aber auf jeden Fall wird es Ihrem Erinnerungsvemögen unschätzbare Dienste leisten, wenn Sie ihm auf folgende (oder ähnliche) Weise gut zureden:

«Mein Gedächtnis ist so super, dass ich es kaum fassen kann!»

BEFREIUNG

46

VON DER ANGST VOR KRANKHEIT

Jeder auf diesem Planeten entwickelt als lebendiger Organismus beständig irgendwelche «Wehwehchen», gleichzeitig allerdings auch alle möglichen guten Gefühle. Daran können Sie kaum etwas ändern, nicht einmal, indem Sie sich in eine Luftblase einschließen. Es ist das Wesen aller Formen, aus dem Nichts (der «Leere, die nicht leer ist», dem Tao) aufzusteigen, zu reifen und dahin zurückzukehren, woher sie gekommen sind.

Solange die angenehmen Gefühle mindestens 51 Prozent betragen, bleiben Sie am Leben und können es sich noch einen Tag (und hoffentlich auch noch eine Nacht) gut gehen lassen, denn mehr können Sie nicht erwarten, ohne gierig zu erscheinen oder sich der Selbsttäuschung hinzugeben – selbst wenn Sie alles in Ihrer Macht Stehende tun, um Ihre Zellen so zu programmieren, dass Sie ein reifes, gesundes Alter erreichen. Sagen Sie deshalb sofort:

«Mein Unbewusstes ist in ebendiesem Augenblick dabei, alle Zellen meines Körpers auf Gesundheit und Langlebigkeit auszurichten. Ich bin entschlossen, bis ins hohe Alter gesund und munter, glücklich und zufrieden zu leben»,

denn Autosuggestion dieser Art ist genau das, was Ihr Unterbewusstsein braucht, um Ihrer (meist unterdrückten) Angst vor

Behinderungen, Inkontinenz, Schmerzen und schließlich Tod entgegenzuwirken.

Umgekehrt wird durch Eindämmung der Angst all das Nieren-Chi freigesetzt, das sonst an ebendiese Angst verschwendet wird, und kann dann das Immunsystem unterstützen. Außerdem arbeiten Ihre Organe ohne Ausnahme effizienter, je entspannter (und unbeschwerter) Sie sind, was im Hinblick auf Gesundheit und Langlebigkeit von Vorteil sein dürfte. Durch Stärkung des Nieren-Chis wiederum reduziert sich die Angst und verbessert sich Ihre Immunabwehr.

Statt sich also auf Krankheit zu fixieren, sollten Sie sich lieber auf Ihre Gesundheit konzentrieren, denn das, worauf Sie Ihre Aufmerksamkeit richten, wächst. Halten Sie sich nicht mit Wehwehchen auf, sondern nutzen Sie Ihre Energie lieber dazu, das aufzubauen, was von innen her Wirkung zeigt. Das ist das einzig Vernünftige – die Immunreaktion, also die Abwehrkräfte, zu stärken. Sicherlich spielen dabei viele Faktoren eine Rolle: dass man ausreichend schläft, sich «richtig» (und langsam) ernährt, sich täglich auf intelligente Weise Bewegung verschafft, für die innere Haltung Tai-Chi, Chi-Gong oder Yoga übt und für das äußere Erscheinungsbild ein Muskeltraining aufnimmt; täglich Zeit im Freien verbringt, wenn das Wetter es erlaubt, dass man sich voller Liebe anderen zuwendet, möglichst viel Zeit mit dem verbringt, was man gerne tut, häufig menschliche Wärme genießt, regelmäßig Darm und Blase entleert, sich regelmäßig ohne Schuldgefühle unverklemmtem, gesundem Sex hingibt; dass man großzügig ist, aufnahmefähig, seine persönlichen Möglichkeiten erweitert, etwas Neues lernt und sich fordert, dass man wie ein Kind ist, flexibel, anpassungsfähig, mutig, unbändig, dass man sich selbst liebt, freundlich über sich selbst (und andere) denkt, Hygiene und Körperpflege nicht vernachlässigt, möglichst oft für Luftveränderung und Urlaub sorgt, sich viel Ruhe gönnt, aufpasst, dass sich kein Groll anstaut, jedem vergibt (besonders sich selbst), sich nicht zu sehr unter Druck setzen lässt, mit Genussgiften sparsam umgeht; dass man nicht zu streng zu sich ist, es vermeidet, sich in Streitereien oder Kämpfe hineinziehen zu lassen, dass man Terrorakten, Erdbeben, einem plötzlichen Anstieg des Meeresspiegels und ähnlichen Gefahren möglichst aus dem Weg geht, nicht darauf besteht, immer Recht zu haben, und dass man sich stets, von Augenblick zu Augenblick, seines «höheren Selbst», seines Gottes, seines Tao, seiner Schutzengel – oder wie man das Unbeschreibliche sonst gern nennen will – bewusst ist.

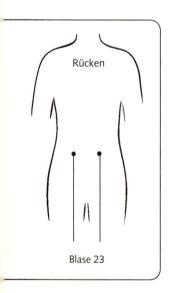

Diesen Prozess können Sie jetzt sofort in Gang setzen, indem Sie die Hände in die Hüften stemmen und dort, wo Ihre Daumen im Rücken in etwa 5 cm Abstand zur Wirbelsäule neben den daran entlanglaufenden Muskelsträngen aufliegen, sanften, anhaltenden Druck ausüben, um einen starken, aber angenehmen Schmerz zu erzeugen, der bis in die Hüften ausstrahlt, und diesen so lange aufrechterhalten, bis Sie spüren, wie sich die Verkrampfung dort (in Ihren Nieren) aufzulösen beginnt. Sagen Sie sich, während der Schmerz abklingt:

«*Mein Unterbewusstsein verwandelt automatisch und augenblicklich alle Angst vor Krankheit in Nieren-Chi, um meinen Körper sofort zu stärken.*»

Umfassen Sie nun mit den Händen Ihre Unterschenkel dicht unter den Knien, sodass die Finger auf dem Schienbein liegen und die Daumen in den Kniekehlen. Pressen Sie die Fingerspitzen gleich unterhalb der Knie in den äußeren Rand des Wadenmuskels dicht am Schienbein und erzeugen Sie so einen starken, aber angenehmen Schmerz, der über die Schienbeine bis in die Füße ausstrahlt. Dies ist ungefähr der Bereich, in dem sich der «Dreimeilenpunkt» des Magenmeridians befindet. Dessen Stimulierung sorgt dafür, Sie auf diesem Planeten am Leben zu erhalten, indem er die Immunreaktion in den Nebennieren und anderswo verbessert und Ihnen so zu der Energie verhilft, nach einem langen Marsch noch drei Meilen weiter zu laufen. (Dieser Punkt wurde zu Ehren von Mao Tse-tungs «Langem Marsch» so benannt, weil Soldaten damals die brennende Spitze einer Zigarette darüber zu halten pflegten, um mehr Energie zum Marschieren freizusetzen.)

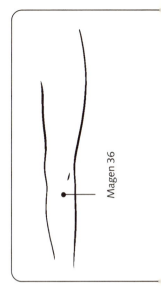

Magen 36

Suchen Sie jetzt einen Punkt mitten auf der Oberseite Ihres Unterarms etwa 4 cm über dem Handgelenk (Richtung Ellenbogen) und pressen Sie den Daumen der anderen Hand so fest hinein, dass Sie einen starken, aber angenehmen Schmerz spüren, der Ihr Handgelenk leicht betäubt. Halten Sie den Druck bis zu 90 Sekunden aufrecht, um dann langsam nachzulassen. Dies ist der Punkt auf dem

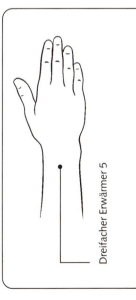

Dreifacher Erwärmer 5

«Dreifachen Erwärmer», dessen Chi für die gute Funktion Ihrer Hirnanhangsdrüse sowie für die gesunde Zirkulation und Verteilung aller Körpersäfte, besonders der Hirn- und Rückenmarksflüssigkeiten, sorgt, die alle energetischen Abfälle aus der Außenschicht des Abwehr-Chis lösen und auch wieder die Hirnanhangsdrüse stimulieren, den Hauptschalter des gesamten Drüsensystems. (Alles in allem empfiehlt sich also die regelmäßige, gründliche Bearbeitung dieses Punktes zusammen mit der Stimulierung des «Dreimeilenpunktes».)

Zum Schluss die Visualisationsübung für das «goldene Elixier» (der Jugendlichkeit, Gesundheit und Langlebigkeit), hier das ideale Gegenmittel für den Fall, dass Sie sich die ganze Zeit nur Sorgen um Ihre Gesundheit machen. Setzen Sie sich augenblicklich bequem hin, den Rücken gerade aufgerichtet, sodass die Wirbelsäule gestreckt ist; das Kinn ist angedrückt, um den Nacken zu dehnen, Bauch, Brust und Schultern sind entspannt, die Hände im Schoß, die Zunge liegt am oberen Gaumen an. Atmen Sie fließend, tief, gleichmäßig, glatt und leise ein und aus. Visualisieren Sie über Ihrem Kopf das goldene Lebenselixier als dicke, goldgelbe Flüssigkeit, die durch Ihren Scheitel in Sie eintritt, durch alle Zellen Ihres Gehirns kreist, durch Zunge und Hals in Brust und Bauch hinabfließt, wo sie alle lebenswichtigen Organe und Fortpflanzungsorgane umspült, um dann durch Ihre Nerven und Knochen, Ihr Fleisch und Ihre Säfte, ja sogar durch Ihre Frisur zu zirkulieren und jede lebendige Zelle wohlig zu baden, sodass Sie wie neu sind und sich wohl fühlen. Sagen Sie:

> «*Ich fühle mich wie neu, ich fühle mich wie neu, ich fühle mich wohl, ich fühle mich wohl!*»

Und, bei Zeus, das werden Sie auch (wenn Sie all das machen)!

BEFREIUNG
VON TODESANGST

Stellen Sie sich einmal Folgendes vor: Sie sind ein Raumfahrer oder eine Raumfahrerin und schweben wochenlang in undifferenzierter Glückseligkeit herum, so vollkommen absorbiert in Glückseligkeit, dass Sie kaum bemerken, wie Sie umherschweben und Minute für Minute unmerklich wachsen, bis Sie eine bestimmte Größe und einen bestimmten Bewusstseinszustand erreicht haben und plötzlich feststellen, dass Sie gegen fremde, Ihnen bisher unbekannte Oberflächen stoßen. Dieses Anstoßen weckt bei Ihnen das Gefühl, dass noch etwas anderes anwesend sein muss, und nach einigen weiteren Wochen wird dieses andere zu einer Kraft, mit der man rechnen muss, so oft prallen Sie mit ihr zusammen, und Sie sehen sich immer häufiger gezwungen, sich mit dieser Kraft zu arrangieren. Und dann, eines Tages, beginnt dieses andere aus heiterem Himmel, sich zu heben, zusammenzuziehen und Ihnen auf die Pelle zu rücken, als würde das ganze Universum auf Sie herabfallen. Sie spüren auf einmal, wie Sie rhythmisch durch eine extrem enge Öffnung gepresst werden, und sind überzeugt, zu Tode gequetscht zu werden, während Sie sich unbeholfen und mit Schmerzen hindurchzwängen, weil eine Umkehr ausgeschlossen zu sein scheint. Und ehe Sie wissen, wie Ihnen geschieht, sind Sie der Schroffheit eines neuen, unbekannten Mediums ausgesetzt – der Luft und damit zugleich Geräuschen,

Gerüchen und Licht, und atmen müssen Sie jetzt auch, und kaum strömt die kalte Luft in Ihre noch unberührte Lunge, geben Sie einen Schrei von sich.

Danach müssen Sie alle möglichen unvorstellbaren Herausforderungen überwinden, eigentlich nur etwas für geniale, extrem mutige Leute, Herausforderungen, die Sie trotz allem irgendwie meistern. Sie gewöhnen sich sogar immer mehr an diesen Prozess und freunden sich damit an, während die Jahre unmerklich vergehen, und an irgendeinem Punkt, als Ihre Bindung schon richtig fest geworden ist, fühlen Sie sich plötzlich unerbittlich zu einem Schleier hingezogen, der Ihnen bis dahin noch gar nicht aufgefallen war, obwohl er die ganze Zeit da war, und was dahinter liegt, ist Ihnen ein absolutes Rätsel. Doch ehe Sie wissen, was in Sie gefahren ist, haben Sie auch schon ein Loch hineingerissen, sind hindurchgeschlüpft und verschwunden. Sie sind in den Zustand undifferenzierter Glückseligkeit zurückgekehrt, um dort (vielleicht) bis in alle Ewigkeit herumzuschweben, ohne sich an irgendwelchen Flächen zu stoßen, und infolgedessen ohne ein Gefühl für das andere oder sich selbst oder auch nur das Herumschweben zu haben.

So ist es jedem Menschen ergangen, der jemals auf diesem Erdball gelebt hat (soweit wir wissen), und bisher ist kein Einziger von ihnen je zurückgekehrt. Wir müssen also annehmen, dass das Sterben unvermeidlich ist, und in diesem Licht betrachtet wäre es eigentlich vernünftig, sich nicht länger dagegen aufzulehnen, es nicht zu fürchten, zu leugnen oder sich mit unerschöpflicher Findigkeit davon abzulenken. Vielmehr wäre es erheblich klüger, es wieder ins Leben einzubeziehen und den Tod endlich als Freund zu betrachten, als den besten Freund, den wir vielleicht jemals hatten.

Deshalb sollten Sie sich immer dessen bewusst sein, wohin Sie auch gehen. Was Sie auch tun und wie hell die Lichter der Stadt auch leuchten mögen, vergessen Sie nach Möglichkeit nie, dass Sie stets nur einen Schritt vom Zerreißen des Schleiers entfernt sind. Statt sich dagegen aufzulehnen und Angst zu haben, sollten Sie lernen, sich damit abzufinden. Und je erfolgreicher Ihre Bemühungen sind, loszulassen und sich mehr und mehr mit dem Sterben anzufreunden, umso größer wird Ihre Hochachtung, während Ihre Angst allmählich schwindet, bis Sie schließlich erkennen, dass der Tod selbst die ganze Zeit über Ihr Schutzengel war, dass er Sie auf Schritt und Tritt begleitet hat und dass er es ist, der Sie zum Schluss durch den Schleier ziehen wird, sodass Sie eins mit ihm werden. An diesem Punkt werden Sie nichts als universale Liebe empfinden oder vielmehr sein, denn das ist am Ende alles, was da ist.

Wenn Sie also mit dem Tod reden und aus tiefstem Herzen und mit allem, was Sie sind, zu ihm sagen können: *«Hallo, Tod, ich möchte, dass wir Freunde werden»*, ohne deshalb morbide oder trübsinnig zu sein, wird es Sie mit solcher inneren Kraft und Unerschütterlichkeit erfüllen, dass Sie mit zunehmender Übung schließlich weder Angst vor dem Leben noch davor haben, Risiken einzugehen – und selbst den Tod nicht mehr fürchten.

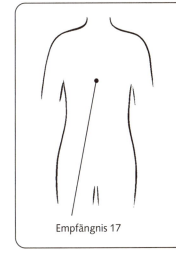

Empfängnis 17

Aber das erfordert Mut, und mutig zu werden heißt, die Angst zu überwinden, und das wiederum setzt voraus, dass Ihr hartes Herz weich und der Druck von Ihren Nieren genommen wird. Diesen Prozess können Sie sofort in Gang setzen, indem Sie mit einem Zeigefinger intelligent und feinfühlig Druck genau auf den Mittelpunkt Ihres Brustbeins ausüben, bis sich ein feines, aber merkliches Schmerzgefühl in Ihrer Brust ausbreitet. Halten Sie den Druck aufrecht, während Sie langsam, tief, gleichmäßig und fließend atmen, und genießen Sie die leichte Entspannung der Muskeln im gesamten Brustbereich gute 90 Sekunden lang, ehe Sie zu sich selbst sagen:

«Ich hatte den Mut, geboren zu werden, und bin allen Widrigkeiten zum Trotz am Leben geblieben. Dieser Mut bereitet mich jetzt auf eine noch größere Reise mitten ins Unbekannte vor. Ich begebe mich vertrauensvoll auf diese Reise, ich begebe mich vertrauensvoll auf diese Reise.»

(Oder etwas in der Art.)

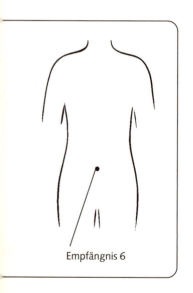

Empfängnis 6

Pressen Sie nun die Fingerspitzen Ihrer dominanten Hand auf eine Stelle etwa 5 cm unterhalb des Nabels und üben Sie so viel Druck aus, dass ein starker (aber seltsam angenehmer) Schmerz entsteht, der bis in den Unterbauch und nach hinten in die Nieren ausstrahlt. Machen Sie sich bewusst, wie sich Ihr Bauch und Ihre Nieren entspannen, während Sie langsam, gleichmäßig, tief und fließend atmen und den Druck aufrechterhalten, und sagen Sie dabei immer wieder:

«Es ist in Ordnung, wenn ich Angst habe, solange mir das Spaß macht.»

Nach einer Weile werden Sie (sofern Sie sehr sensibel sind) merken, dass Ihre Angst nach und nach abklingt, bis Sie schließlich (fast) gar keine Furcht mehr empfinden.

Und dann fliegen Sie.

BEFREIUNG

48

VON STRESS

Stress, eine unnötige Verkrampfung von Körper und Organen, die dadurch entsteht, dass die Muskeln ständig angespannt werden, sodass die Zirkulation von Blut, Körpersäften und Energie gestört ist, Ihre Fähigkeit zum klaren, optimistischen Denken abnimmt und Ihre allgemeine Leistungskraft einen Tiefpunkt erreicht, ist keine Krankheit, sondern eine Last, die auf Ihnen liegt und Ihnen die Unbeschwertheit raubt. Eigentlich ist es nur eine Angewohnheit. Aber eine Angewohnheit, die Sie schon in jungen Jahren umbringen wird, wenn Sie ihren Würgegriff nicht lockern lernen und sich sofort (ein bisschen mehr) entspannen.

Zuerst mal das Heck, des Anus Versteck:
Lockern Sie innen die Spannungen weg.
Sie spüren die Dehnung, das Gewebe wird weich
von unten bis oben zum höchsten Bereich.

Und während dieses Gefühl verweilt
und sich vom Po bis zum Kopf verteilt,
erinnern Sie sich: Weichheit ist Leben,
bei Steifheit jedoch steht der Tod schon daneben.

Damit Sie den eigenen Krampf deutlich sehen,
verspannen Sie sich vom Kopf zu den Zehen,
bis Sie so stark zittern, als wären's die Wehen.
Auf einmal, urplötzlich: Sie lassen sich gehen.

Mit der Zeit brauchen Sie auch das nicht zu tun,
sondern können im Nu entspannen und ruhn.

Das beste Mittel gegen Stress ist ganz offensichtlich Entspannung, und die erreicht man am besten mit der oben beschriebenen Übung. Sie können alles auf einmal anspannen und dann entspannen oder schrittweise vorgehen. Beginnen Sie damit, den rechten Fuß anzuspannen und wieder zu entspannen, dann den linken, dann den rechten Unterschenkel und den linken, dann den rechten Oberschenkel und so weiter, bis Sie von unten nach oben bis zum Scheitel alles erfasst haben, alle Gliedmaßen und alle Organe, und dann machen Sie das Ganze noch einmal von oben nach unten. Atmen Sie ein und halten Sie voller Anspannung den Atem kurz an, stoßen Sie dann die Luft vollständig wieder aus und lassen Sie ganz und gar los, denn sonst riskieren Sie, dass sich Stress aufstatt abbaut, und das wäre kontraproduktiv.

Mit der Zeit, so steht es im obigen Liedchen, brauchen Sie auch das nicht mehr zu tun, sondern können jeden einzelnen Muskel Ihres Körpers willentlich entspannen – und damit im Handumdrehen auch Ihren Geist. Sobald Sie sich bewusst sind, dass Sie sich verspannen, haben Sie die Wahl: sich weiter zu verkrampfen oder lockerzulassen. Es ist zwar vollkommen in Ordnung, sich nach Herzenslust anzuspannen, solange Sie Ihre Freude daran haben, aber auf die Dauer werden Sie im Entspannen eine erhebliche Erleichterung für sich selbst und andere sehen. Also los, schmieden Sie das Eisen, solange es heiß ist, und sagen Sie jetzt sofort, ohne zu zögern:

«*Von jetzt an will ich loslassen!*»

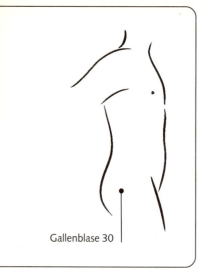

Gallenblase 30

Um sich selbst bei der Entspannung zu unterstützen, ertasten Sie nun mit den Daumen einen Punkt direkt hinter den Hüftgelenken und üben ohne Umschweife jeweils dort, wo das Fleisch dick ist, so lange Druck aus, bis ein Schmerz spürbar wird, der sich bis zum Beckenboden, zum Damm zwischen den Beinen und vor allem bis zum Schließmuskel am After ausbreitet, dessen «Zusammengekniffensein» Ihren ganzen Körper in Mitleidenschaft ziehen kann.

Lösen Sie dann langsam den Druck, stemmen Sie die Hände in die Hüften und pressen Sie die Daumen da, wo sie nun aufliegen, in die Punkte, die in etwa 5 cm Abstand von der Wirbelsäule entfernt an den seitlich daran entlangführenden Muskelsträngen liegen, bis ein Schmerz entsteht, der in den gesamten Kreuzbereich und sogar in den Bauch ausstrahlt.

Lösen Sie den Druck langsam wieder, ergreifen Sie mit den Fingerspitzen Ihrer rechten Hand die untersten Rippen zur Rechten und mit den Fingerspitzen Ihrer linken Hand die Rippen auf der linken Seite und ziehen Sie den Brustkorb sanft auseinander, bis Sie das Gefühl haben, dass er sich 2 bis 3 cm geweitet hat. Halten Sie ihn so fest, während Sie ungefähr sechsmal möglichst tief, fließend und gleichmäßig ein- und ausatmen, und lassen Sie dann langsam los.

Ballen Sie jetzt die Hände locker zu Fäusten und trommeln Sie etwa eine Minute lang mit der Unterseite (da, wo der kleine Finger ist) einen gleichmäßigen Wirbel auf das Brustbein und weiter auf die Brustmuskeln, sodass die gesamte Brust davon betroffen ist, und verlangsamen Sie das Tempo anschließend, bis das Trommeln schließlich wie ein Motor langsam ausläuft.

Pressen Sie zum Schluss Ihren kräftigsten Daumen in die weiche Vertiefung im Nacken dicht unter dem Hinterhauptknochen des Schädels am obersten Ende der Halswirbelsäule, eine Mulde, die sich deutlicher abzeichnet, wenn Sie den Kopf ein paar Zentimeter nach hinten neigen, die sich allerdings besser bearbeiten lässt, wenn der Kopf dann wieder ein paar Zentimeter nach vorn gebeugt wird. Erhalten Sie den Druck bis zu 70 Sekunden lang aufrecht, bis der entstehende Schmerz sich im ganzen Schädel ausgebreitet hat, um den Druck dann langsam wieder zurückzunehmen.

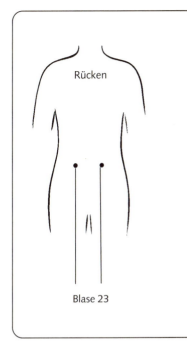

Blase 23

Legen Sie Ihre beiden Hände zusammen, heben Sie sie auf Augenhöhe und ziehen Sie sie nun langsam auseinander, um sie dann wieder ebenso langsam zusammenzuführen, als würden Sie im Zeitlupentempo Akkordeon spielen. Atmen Sie immer, wenn Sie die Hände auseinander ziehen, ein und denken Sie: «*Mein Raum dehnt sich aus.*» Atmen Sie aus, während Sie die Hände wieder zusammenlegen, und denken Sie: «*Aller Stress ist wie weggeblasen!*» Wiederholen Sie diese Übung bis zu 18-mal und

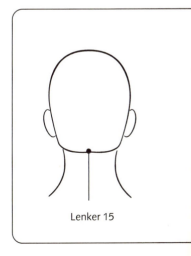

Lenker 15

genießen Sie dabei das leichte Kribbeln von Chi zwischen Ihren Handflächen, das an Wasser oder einen Lufthauch erinnert. Legen Sie, wenn Sie fertig sind, die Hände wieder zusammen, um den Schaltkreis zu schließen, und warten Sie, bis das Chi durch Ihre Arme in die Brust und weiter in den Bauch geströmt ist, von wo aus es in den ganzen Körper ausstrahlt.

Falls Sie zufällig gerade in idealen finanziellen Verhältnissen leben, sollten Sie jetzt langsam zum nächsten Telefon gehen, die schon eingespeicherte Nummer eines tüchtigen Therapeuten wählen und sich möglichst sofort einen Termin für eine Rundum-Massage geben lassen, denn nichts beugt Stress so gut vor und hilft so gut dagegen wie eine sachverständig ausgeführte Massage. (Wenn ich auf dieser Welt das Sagen hätte, würde jeder Erdenbürger einmal pro Woche gratis massiert!)

BEFREIUNG
VON UNGEDULD

49

Los, los, beeilen Sie sich, wir haben nicht den ganzen Tag Zeit! Ich will ohne Umschweife zur Sache kommen: Der Grund für Ungeduld, diese Geißel der postmodernen Gesellschaft, ist nicht etwa darin zu suchen, dass irgendwelche Leute herumtrödeln, vor Ihrer Nase plötzlich stehen bleiben, aus heiterm Himmel ein Gespräch anfangen und Ihnen den Weg versperren, obwohl Sie gerade in großer Eile sind; und auch nicht darin, dass der Autofahrer vor Ihnen unbedingt vor jeder Ampel anhalten muss, ja nicht einmal darin, dass es so lange dauert, bis Ihr Traum in Erfüllung geht, wenngleich diese (und andere Beispiele) Auslöser für Ungeduld sein können. Der Grund besteht vielmehr darin, dass sich Ihr Gallenblasen-Chi überhitzt, durch den Gallenblasenmeridian im Rücken aufsteigt, seitlich der beiden Schultern zur Schädelbasis strömt und Ihr Gehirn energetisch zu stark aufheizt, und Ihr innerer Frieden gestört wird (der nur da sein kann, wenn Sie sowohl im energetischen als auch im übertragenen Sinne einen kühlen Kopf bewahren). Falls Sie eine solche Überhitzung des Gallenblasen-Chis feinfühlig und aufmerksam zur Kenntnis nehmen, werden Sie sogar ein gewisses Unbehagen im rechten Oberbauch unter den Rippen dicht neben der Leibesmitte wahrnehmen.

Sie haben Angst, dass Sie zu spät kommen könnten und dadurch Ihren Terminplan durcheinander bringen. Infolgedessen ziehen sich Ihre Nieren zusammen und geben ihre Hitze an die Leber ab, die sich nun ihrerseits überhitzt und dafür sorgt, dass Sie sich ärgern. Die Hitze entweicht schließlich in Ihren Gallenblasenmeridian, der als Überdruckventil fungiert, um darin als Hitze wie ein Wüstenwind nach oben ins Gehirn vorzustoßen.

Das Gallenblasen-Chi ist normalerweise (dank der Kraft Ihres Leber-Chis) für die Aufrechterhaltung der logistischen Kontrolle bei all Ihren Interaktionen mit der Umwelt zuständig. Ist es überhitzt, üben Sie zu viel Kontrolle auf die Wirklichkeit aus: Sie wollen um jeden Preis Ihren Terminplan einhalten und werden ungeduldig, wenn das zu scheitern droht. Schlucken Sie deshalb zunächst einmal einige Tropfen des Bach-Blütenmittels «Impatiens», greifen Sie sich dann Ihren linken Fuß, nehmen Sie die Lücke zwischen dem kleinen Zeh und seinem Nachbarn ins Visier und ziehen Sie von da aus eine gerade Linie bis zu dem Punkt, wo Ihre beiden Sehnen auf der Fußoberseite mit dem großen Fußknochen zusammenstoßen. Pressen Sie den Daumen kräftig in die Vertiefung, die Sie dort finden, und üben Sie genügend sanften Druck aus, um ein starkes, aber doch angenehmes Schmerzgefühl zu erzeugen, das entlang der Fußkante ausstrahlt. Führen Sie nun maximal 24 kleine Kreisbewegungen entgegen dem Uhrzeigersinn auf dem Punkt aus. Verfahren Sie mit dem rechten Fuß genauso. Dieser Punkt ist der Ausgangspunkt auf dem Gallenblasenmeridian. Wenn er stimuliert wird, insbesondere durch kreisförmiges Massieren entgegen dem Uhrzeiger-

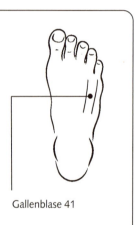

Gallenblase 41

sinn, wirkt er beruhigend auf den Meridian, sodass die Hitze abnimmt und sich Ihr Zustand normalisiert.

Um weiterhin einem Hitzeschub in diesem Meridian vorzubeugen oder ihn zu zerstreuen, trommeln Sie nun mit den Knöcheln Ihrer beiden Hände einen leichten, flinken Wirbel auf die gesamte Fläche des Hinterhauptknochens am Schädel und den Nackenbereich direkt darunter, wobei Sie den beiden Muskelsträngen rechts und links der Halswirbelsäule besondere Aufmerksamkeit widmen. Dies ist eine Version der taoistischen Methode des Sich-selbst-auf-den-Kopf-Klopfens zur geistigen Klärung, auch «Schlagen der himmlischen Trommel» genannt. Sie ist nicht nur ein wirksames Mittel gegen Benommenheit und Kater- oder Spannungskopfschmerzen, sondern bewahrt Sie auch davor, von dem plötzlichen Drang befallen zu werden, andere Leute aus dem Weg zu schubsen, auf andere Autos aufzufahren oder eine Bank zu überfallen, um sich Ihre Träume zu verwirklichen. Es ist allerdings nicht zu empfehlen, die Übung immer sofort bei Bedarf durchzuführen, da sie unter Umständen Ihre Frisur ruiniert oder andere dazu verleitet, Sie zu belächeln und als Exzentriker abzustempeln. Wenn das «Schlagen der himmlischen Trommel» hingegen mit der Fußpressur zusammen allmorgendlich durchgeführt wird, hilft es, die Voraussetzungen dafür zu schaffen, dass die Geduld auf Dauer die Oberhand gewinnt.

Stellen Sie sich jetzt mit vollkommen entspanntem Körper, die Hände an den Seiten, die Zunge am Gaumen anliegend, das Kinn angedrückt und den Nacken etwas gestreckt, mit dicht nebeneinander stehenden Füßen und angewinkelten Knien hin, atmen Sie fließend und gleichmäßig, und springen Sie, indem Sie sich von den Fußballen abfedern, maximal 81-mal leicht in die Höhe. Fallen Sie anschließend nicht gleich schnaufend und japsend zu Boden, sondern bleiben Sie konzentriert stehen, warten Sie, bis sich Ihr Chi wieder im Bauch gesammelt hat, und wiederholen Sie dabei etwa sechsmal bzw. mindestens so lange, bis Sie auch wirklich selbst davon überzeugt sind:

«Ich bin von unendlicher Geduld durchdrungen, von unendlicher Geduld bin ich durchdrungen. Heilige sind nichts dagegen!»

Je geduldiger Sie darauf warten, dass sich Ihre Träume verwirklichen, und dabei selbstverständlich alles tun, was Sie diesem Ziel näher bringt, ohne die Dinge jedoch zu forcieren, je mehr Geduld Sie also konkret aufbringen, umso schneller erfüllen sich Ihre Wünsche. Davon sollten Sie sich selbst überzeugen, denn das, wovon Sie überzeugt sind, wird auch eintreffen. Sagen Sie einfach:

«Je geduldiger ich darauf warte, dass sich meine Träume verwirklichen, und dabei selbstverständlich alles tue, was mich diesem Ziel näher bringt, ohne die Dinge jedoch zu forcieren, je mehr Geduld ich also konkret aufbringe, umso schneller erfüllen sich meine Wünsche.»

Nun machen Sie schon, wir sind fast am Ende des Buches angelangt: Also los!

BEFREIUNG

VON DEN KINDERN (FÜR ELTERN UND ALLE,
DIE IN DER KINDERBETREUUNG TÄTIG SIND,
SOWIE FÜR ZUKÜNFTIGE ELTERN,
SIE MÖGLICHERWEISE EINGESCHLOSSEN)

Während ich hier in aller Abgeschiedenheit hinter dicken, kalten Steinwänden sitze, habe ich auf diesem Planeten, irgendwo jenseits der nebelverhangenen walisischen Berge, die ich durch die Fenster sehe, drei Söhne: Joe, Jake und Michael Angelo, auch Mike «The Spike» genannt. Zum Zeitpunkt des Schreibens sind sie gerade 23, 20 und 14 Jahre alt, ein vortreffliches, hübsches, auserlesenes Trio, drei Kinder, die es, vermutlich durch massive himmlische Intervention, geschafft haben, trotz ihres verrückten Vaters zu überleben, ja sogar zu wachsen und zu gedeihen, und die, obwohl nicht fehlerlos, einen inneren Gleichgewichtszustand erreicht haben, der Gutes für ihre Zukunft verspricht (hoffe ich).

Nichtsdestotrotz bin ich an einem Tag im Sommer 1982 in aller Herrgottsfrühe – Joe war damals drei, Jake eins, und Spike spukte wahrscheinlich noch in seiner vorigen Inkarnation als 70-jähriger Filmproduzent in Hollywood, als tibetischer Lama, Mafiaboss in Chicago oder was er sonst gewesen sein mag, herum – finster brütend durch das Wüstenhochland New Mexicos gelaufen. Ich hatte mich in New Mexico nahezu vier Jahre lang in verschiedenen Heilkünsten ausgebildet und wollte nun nach London zurückkehren, um meiner globalen Mission nachzukommen, über Berg und Tal zu wandern und die Leute zu heilen und aufzumuntern (wie es das Herzensanliegen eines jeden Barfußarztes mit Selbstachtung ist). Meine Frau wollte jedoch in den USA bleiben, hatte sie sich doch mit einem Wahnsinnstypen mit Schnurrbart und stechendem Blick eingelassen, meinem Lehrer im «Tai-Chi-Kampf», wie sie drüben in den USA beschönigend sagen, denn in Wahrheit boxt und tritt man dabei dem Gegner mit alarmierender Präzision und Gewandtheit die Seele aus dem Leib, mal ganz abgesehen vom Chi. Seine Unterrichtsmethode bestand darin, eine Bewegung und Gegenbewegung jeweils einmal langsam vorzuführen und dann mit voller Geschwindigkeit *mir* so lange die Seele aus dem Leib zu boxen und zu treten, bis ich die Gegenbewegung herausfand, die er mir nur ein einziges Mal gezeigt hatte. Es war eine sehr effektive Trainingsmethode, solange sich dabei Gehirnerschütterungen und Knochenbrüche vermeiden ließen, aber nachdem ich meinen Lehrer gegen Ende des sechsmonatigen Kurses einmal abends zum Essen mit nach Hause gebracht und meine Frau und er sich ineinander verliebt hatten, ging dieses Training noch erheblich tiefer, wie Sie in dem Kapitel «Befreiung vom Schmerz durch Leid und Eifersucht» genauer nachlesen können.

Seine klare Überlegenheit auf dem Gebiet der Kampfkunst überzeugte mich, dass es wenig Sinn hatte, ihm mannhaft damit zu drohen, die Finger von meiner Frau zu lassen, sonst ... Jedenfalls degenerierte die fünfjährige Ehe mit meiner Frau durch diese Liaison zu einem offenen Non-Stop-Atomkrieg und war, zumindest nach meiner Auffassung, nicht mehr zu retten.

Damit konnte ich fertig werden. Womit ich nicht fertig wurde, war die Trennung von Joe und Jake. Die beiden waren mir ans Herz gewachsen. Sie hatten im Babysitz hinten auf meinem Mountainbike gesessen und waren die Bergpfade mit mir hinabgesaust oder hatten in meinen Armen geschlafen, wenn ich im Garten meine Runden drehte und Akupunkturpunkte samt ihrer Lage auswendig lernte. Ich war bei ihrer Geburt dabei gewesen. Jake hatte ich sogar eigenhändig auf die Welt geholt. Ich liebte die Jungs mehr als alles auf der Welt. Ich hätte mir nie träumen lassen, jemals so lieben zu können. Und jetzt sollte ich sie verlassen. (Warum ich nicht im Hochland von New Mexico geblieben bin, fragen Sie? Sollte ich mich etwa als New-Age-Freak bis an mein Lebensende in den Bergen von New Mexico vor den ätzenden Tälern und Abgründen des globalen Irrenhauses verstecken und mich aus allem, was Spaß macht, heraushalten? Nein, danke. Nein, ich musste mich unbedingt an einen Schnittpunkt der globalen Medien begeben – das waren damals schließlich noch finsterste internetlose Zeiten! –, und was war da besser geeignet als das gute alte dreckige London, wo man im Gegensatz zu den USA und zu New Mexico, Gott segne es, wenigstens eine anständige Tasse Tee bekommt – wenn auch das Wetter meist sehr viel schlechter ist.)

Später an jenem Morgen, zwischen zwei Patienten in der Klinik (nach meinem finster brütenden Herumlungern auf dem Hochland), sah mich mein Lehrer an und fragte – eine Seltenheit bei ihm, eine Seltenheit überhaupt in der asiatischen Kultur, wo die ganze Idee eines individuellen Egos eine vollkommen andere Form annimmt als in unserer Brust-raus-Kultur –: «Was ist los, junger Barfußdoc?»

Kaum hatte ich ihm meine Misere erklärt, zeigte er spontan sein tiefes Mitgefühl, was gar nicht zu seiner sonstigen Unergründlichkeit passen wollte, schloss die Klinik für den Rest des Tages, hängte die taoistische Version eines «Bin-Angeln»-Schildes an die Tür und nahm mich mit zu einer Bar, wo wir uns für besagten Rest des Tages mit Tequila voll laufen ließen und uns über die Weisheit des Nichtanhaftens unterhielten.

Meine Kinder sind nicht meine Kinder. Sie sind Kinder des Tao. Mir ist nur die Sorge für sie anvertraut, solange es das Schicksal will, und darüber hinaus muss ich darauf vertrauen, dass sie im Tao, dem großen, natürlichen Lauf der Dinge, in Sicherheit sind. Ich muss darauf vertrauen, dass es wohl so sein soll, wenn das Schicksal unsere Trennung vorgesehen hat. Außerdem muss ich ihnen und mir in dem Zeitraum, während wir uns voneinander lösen, Mitgefühl entgegenbringen, ohne mich sentimental an ihnen festzuklammern. Und obwohl es wehtut, muss ich darauf bauen, dass es so richtig ist. (Bitte «ich» durch «Sie» ersetzen!)

Es war also kein Weltuntergang, und so ging ich sternhagelvoll und kein bisschen erleuchtet nach Hause. Wie es das Schicksal will, habe ich dann doch auf Anraten meines Therapeuten dem Schnurrbart gesagt, er solle sich verdünnisieren, und zu meinem Erstaunen hat er das tatsächlich getan. Meine Frau und ich gingen zu einer Partnerberatung, fuhren danach gemeinsam nach London zurück und blieben noch ganze 18 Monate zusammen (es war die reine Hölle). Danach durfte ich Joe und Jake jedes Wochenende sehen (von Samstag, 10 Uhr, bis Sonntag, 17 Uhr – der Richter versicherte mir, dass mir das «vollkommen genügen» würde – der aufgeblasene, gefühllose Mistkerl!), und das habe ich auch jedes Wochenende mit geradezu religiösem Eifer gemacht, bis sie alt genug waren, um etwas Besseres zu tun.

Der springende Punkt ist der, dass Ihre Kinder, es sei denn, Sie können sie mit raffinierten, hochwirksamen Tricks manipulieren, Sie früher oder später einmal verlassen werden. Vorausgesetzt, Sie unterhalten eine wirklich tiefe Freundschaft mit Ihren Kindern, die sich darauf gründet, dass Sie sich ihnen gegenüber von Anfang an wahr, ehrlich und respektvoll verhalten haben, dass Sie sie weder schikaniert noch ihnen ständig aus Schwäche nachgegeben haben, dass Sie sie liebevoll beschützt haben, ohne sie zu erdrücken, dass Sie sie ermutigt haben, ohne sie zu verwöhnen, dass Sie ihre Macken und Marotten akzeptiert haben, ohne ihre Fehler zu beschönigen, dass Sie sie angeleitet haben, ohne Zwang auszuüben, und vorausgesetzt, Sie haben ihnen gelegentlich auch

Raum gelassen, um die letzten Arschlöcher zu sein, die sie manchmal sind, ohne ihren Seelen durch Vergeltungsschläge Schaden zuzufügen, mit anderen Worten: Vorausgesetzt, Sie waren immer (mehr oder weniger) erleuchtete, weise und liebevolle Eltern, dann wird Ihre Freundschaft einfach immer weiter wachsen, egal, wo auf der Welt die Kinder gerade sind.
Natürlich kommt es vor, dass Sie einmal ausrasten, das ist in jeder echten Freundschaft so. Ich war kürzlich absolut gemein zu Jake, wofür ich mich später vielmals entschuldigt habe – solche Sachen passieren eben. Aber es besteht kein Anlass zu glauben, Ihre Beziehung könnte nicht in Quantensprüngen blühen und gedeihen, wenn Sie es zuließen. Wenn Sie den Karren allerdings so sehr in den Dreck gefahren haben, dass Ihr Kind Sie jetzt abgrundtief hasst, sollten Sie das Kapitel über die Befreiung von Schuldgefühlen lesen, sich selber vergeben, einigermaßen wieder gutmachen, was Sie angerichtet haben, und so bald wie möglich ein neues Kapitel in Ihrer beider Kommunikation aufschlagen.
Gleichwohl werden Ihre Kinder Sie verlassen – hoffentlich erst in einem vernünftigen Alter –, und das tut weh, aber sobald Sie den Schmerz überwunden haben, sobald Ihnen klar geworden ist, dass das Leben, das Tao, sie die ganze Zeit im Arm gehalten hat, dass sie nicht mit Ihnen identisch und kein Teil von Ihnen sind, sondern eigenständige Menschen, und dies schon immer, breitet sich ein wunderbarer Frieden überall in Ihrem Körper aus, und Sie möchten am liebsten laut rufen: «Ich bin frei!»
Nicht dass Sie sich nun von den Kindern abwenden. Sie lieben Ihre Kinder und sind ihnen mit jedem Atemzug mehr zugetan. Nur haben Sie sich inzwischen von der Wahnvorstellung frei gemacht, *Sie* wären für alles verantwortlich, was die Kinder tun. Das sind sie jetzt *selbst*.
Es wäre nun wirklich albern, Ihnen im Folgenden zu sagen, welchen Punkt Sie drücken oder welchen Laut Sie ertönen lassen

sollten, um sich von Ihren Kindern zu befreien. Sie könnten natürlich einfach bis zum Gehtnichtmehr auf irgendeinem Punkt herumdrücken und schreien: «Raus hier und kommt nie wieder!», aber das wäre bestimmt nicht in Ihrem Sinne.

Verwirrung über die eigene Identität, sodass man seine Kinder für ein Stück seiner selbst hält, herrscht bei einem Mangel an Herz-Chi (Herz-Chi ist für ein intaktes Selbstgefühl und folglich auch für die Gefühle anderer gegenüber zuständig).

Der Wunsch, bis in alle Ewigkeit Kontrolle über die Kinder auszuüben, ist durch überhitztes Gallenblasen-Chi begründet, das seinerseits durch überhitztes Leber-Chi verursacht wird, das wiederum auf unzureichendem Nieren-Chi beruht, welches im Grunde dann gestört ist, wenn Sie voller Angst sind.

Allgemein unfähig zum Loslassen sind Sie, wenn Ihr Dickdarm-Chi blockiert oder zu schwach ist (was auch das Ausscheiden der Reststoffe durch den Darm betrifft).

Es spricht also nichts dagegen, Ihre Fingerknöchel ein paar Minuten lang verrückt spielen zu lassen und Ihre gesamte hintere Schädeldecke, besonders den Bereich dicht unter dem Hinterhauptknochen zu beiden Seiten der Halswirbelsäule, mit einem leichten, schnellen Trommelwirbel zu bearbeiten, um heißes Gallenblasen-Chi aufzulösen, das sich in dieser Region gern anstaut.

Wenn Sie gleichzeitig mit dem Leber-Chi-Heilklang «*Shhhhhhhhhh!*» ausatmen und dabei visualisieren, wie Ihre Leber unterhalb des rechten Rippenbogens abkühlt, kann auch das nicht schaden.

Und es kann auch nicht schaden, die Daumen auf zwei Punkte in etwa 5 cm Abstand von der Wirbelsäule dicht über der Taille zu pressen, um Verkrampfungen im Nierenbereich abzubauen und die Leber zu unterstützen.

Außerdem ist es nie verkehrt, wenn Sie sich zum Schluss mit bis zu 81 Kreisbewegungen im Uhrzeigersinn den ganzen Bauch reiben, um damit das Dickdarm-Chi freizusetzen und zu stärken, und sich gleichzeitig einschärfen:

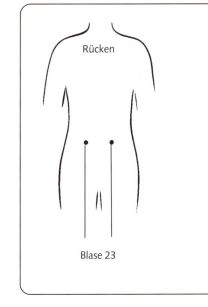

> «Ich bin nicht die Gedanken und Gefühle meiner Kinder. Ich bin nicht einmal meine eigenen Gedanken und Gefühle. Ich bin einfach nur ein Kind dieser Welt und tue mein Bestes. Für uns alle hier ist gesorgt, sobald uns das bewusst wird.»

Denken Sie daran, dass Sie jedes Mal, wenn Sie sich Sorgen um Ihre Kinder machen, negative, schädliche Gedankenwellen (zerstörerisches Chi) in deren Richtung ausstrahlen.

Visualisieren Sie sie deshalb lieber mit einer undurchdringlichen Aura aus schützendem, weißem Licht. Das funktioniert. Und es lässt sich natürlich auch auf andere Menschen anwenden. Eigentlich ist es sogar gut und nützlich, wenn Sie sich einen Augenblick lang vorstellen, dass im Grunde jedes lebendige Wesen eines Ihrer Kinder ist. Dann werden Sie sie alle umso mehr lieben. (Na los, probieren Sie's mal!)

BEFREIUNG

VON DEN ELTERN

Erst als ich Anfang 20 und bei R. D. Laing in Therapie war, wurde mir klar, dass meine Eltern und ich unterschiedlich dachten. Natürlich habe ich immer gewusst, dass ich eigene, andere Gedanken hatte als sie (und ich meine sie beide einzeln), aber ich habe es nie wirklich beachtet. Ich habe nie den Unterschied unter die Lupe genommen zwischen dem, was ich glaubte, und dem, was mir durch meine Eltern 20 Jahre lang eingetrichtert worden war und was sich unter dem Strich darauf belief, dass meine Eltern immer Recht hatten. Ganz offensichtlich hatten sie in vielen Dingen Recht, aber auf keinen Fall können die eigenen oder irgendwelche anderen Eltern in absolut allem immer Recht haben. Ich weiß wahrhaftig, dass es so ist.

Das geht mir jetzt leicht von den Lippen. Aber als ich das erste Mal in Ronnies Sprechzimmer saß und über jene Erkenntnis stolperte, während er mich mit dem für ihn typischen spöttischen Blick maß, konnte ich fast kein klares Wort mehr hervorbringen. Es erschien mir durch und durch als Sakrileg. Was, mein Vater sollte falsch liegen? Ich sollte eigene, unabhängige Ansichten über das Leben äußern können, ureigene? Keine Autorität da, außer mir selbst? Ich selbst bin hier zuständig?

Das war natürlich noch nicht alles. Ich sortiere und siebe noch immer aus, was von ihm ist und was von mir. In der Rückschau kommt es mir so vor, als hätte meine Mutter doch in fast allem, was sie mich gelehrt hat, Recht gehabt, selbst in dem Punkt des In-allem-Recht-Habens, und infolgedessen ist das Aussieben bei ihr einfacher.

Zu der Erkenntnis, dass Vater oder Mutter oder beide Eltern nicht unfehlbar sind, kommt noch die Erkenntnis hinzu, dass sie Menschen sind, dass auch sie einmal Babys waren und im Grunde nicht mehr über das Leben im weitesten Sinne wissen als Sie oder ich oder sonst jemand. Und genau hier liegt das Problem. Man windet sich geradezu bei dem schmerzhaften Gedanken, die bisher perfekten Eltern seien genauso verletzlich und kaputt wie man selbst. Das ist schwer zu schlucken, außer in den seltenen Fällen, wo sie klug genug waren, einem gegenüber aufrichtig zu sein, statt immer Recht behalten zu wollen, und sich von Anfang an so gaben, wie sie waren, sodass man gelernt hat, sie zu akzeptieren (und ihnen zu vergeben). Leider machen die meisten Eltern ihren Kindern etwas vor. Sie spielen die Rolle der Eltern, während sie eigentlich bloß ihre Elternpflichten wahrzunehmen und sie selbst zu sein brauchten (wie sie selbst als Kinder waren, bevor wir und unsere Geschwister geboren wurden). Sie gehen vollkommen in dieser Rolle auf. Man selbst wird dadurch in die Rolle des Kindes gedrängt und geht wiederum darin vollkommen auf, statt einfach seine Kindespflichten zu erfüllen – und sich gleichzeitig bei Freunden und anderen Leuten, die einen so behandeln, wie man ist, und nicht als Kleinkind, auch dementsprechend zu verhalten.

Irgendwann ist der Punkt erreicht – meist dann, wenn man sein eigenes Geld verdient und das physische Überleben nicht mehr so stark von den Eltern und deren Einstellungen abhängt –, an dem der Differenzierungsprozess beginnt, ein Prozess, der sich bis zum Tod fortsetzt und vielleicht noch darüber hinaus (wer weiß). Ein Punkt, an dem man innehält und sagt: «He, warte mal. Ich bin nicht das, was meine Mutter denkt, glaubt oder fühlt. Ich bin nicht das, was mein Vater denkt, glaubt oder fühlt. Teufel auch, ich bin nicht einmal das, was ich selbst denke, glaube und fühle! Ich *bin* einfach nur. Und so, wie ich bin, steht es mir frei, zu denken, zu glauben und zu fühlen, was ich will, jeden Augenblick, während ich meinen Weg gehe.»

Auch von der Anerkennung der Eltern muss man sich lösen. Natürlich sind wir alle, bewusst oder unbewusst, von dem Wunsch beseelt, den Beifall unserer Eltern zu erringen. Das fängt schon im Säuglingsalter an. Wenn man die Grundlektionen Essen, Verdauen und Ausscheiden, die man unerbittlich mit Zuckerbrot und Peitsche beigebracht bekommt, nicht lernt, treibt man schnell die Statistik für Kindersterblichkeit höher. Sie werden einem also von klein auf einprogrammiert, um das Überleben zu gewährleisten. Aber ab einem bestimmten Punkt, wo das Überleben von der Fähigkeit abhängt, eigenständig zu denken, muss man seine Taktik ändern und statt mit dem, was man tut, die Anerkennung der Eltern erringen zu wollen, lieber sich selbst verwirklichen, was viel wichtiger ist.

Doch die erste Stufe ist die, den Unterschied zwischen den Eltern und sich selbst zu erkennen. Das fällt leichter durch die Stimulierung des Herz-Chis, weil dieses Chi für ein klar definiertes Selbstgefühl verantwortlich ist. Jede Identitätskrise deutet auf ein schwaches oder formloses Herz-Chi hin, während umgekehrt ein schwaches oder formloses Herz-Chi anfällig macht für Identitätskrisen, sodass man nie weiß, was man denken, fühlen oder glauben soll.

Wenn ich persönlich über die Welt herrschen würde, würde ich jedem Schulabgänger zwei Jahre Therapie zur Pflicht machen, ein bisschen so wie die Wehrpflicht oder die Verpflichtung, eine gewisse Zeit im Kloster zu verbringen, die thailändische Jungen eingehen müssen. Diese Therapie wäre eigens dafür da, den Übergang ins Erwachsenenleben zu erleichtern, der zwangsläufig die Definition angemessener Grenzen zwischen einem selbst und den Eltern mit einschließt, und würde jedem helfen, eine eigenständige Person und selbst Vater oder Mutter zu werden und in vorderster Front sein Bestes zu tun, wenn ich mal so sagen darf.

Wenn allerdings eine Therapie kein Thema für Sie ist oder sich aus Kosten-, Zeit- oder Ortsgründen verbietet, können Sie diesen Prozess unermesslich vorantreiben, indem Sie mit der Kleinfingerseite Ihrer zur Faust geballten Hände genau auf die Mitte Ihres Brustbeins trommeln (aber mit Verstand, damit keine Knochen brechen oder Rippen verrutschen) und dabei bis zu neun Atemzüge lang den Herz-Chi-Heilungslaut ausstoßen: «*Haaaaaaaaaah!*» Das wird Ihr Herz-Chi munter machen und dazu beitragen, eine Energieblockade aufzulösen, durch die möglicherweise die Ich-Grenzen verwischt sind und infolgedessen Ihr Selbstgefühl gestört ist.

Machen Sie jetzt Nägel mit Köpfen, indem Sie den Punkt in den Falten am Handgelenk dicht unter dem äußeren Handballen (in einer Linie mit dem kleinen Finger) kräftig drücken. Das ist der Ausgangspunkt auf dem Herzmeridian, das so genannte «Tor des Geistes». Seine Reizung regt den Herzmeridian dazu an, seiner elementaren Quelle, dem Feuer, mehr Chi zu entnehmen, und stärkt generell Ihr Selbstgefühl einschließlich Ihrer persönlichen Grenzen, Eigenheiten, kleinen Schwächen und jenes «gewissen Etwas», das Ihnen nachgesagt wird. Üben Sie etwa 40 Sekunden lang so viel Druck aus, dass ein starker, aber angenehmer Schmerz bis in Ihren kleinen Finger ausstrahlt, und sprechen Sie dabei folgende Affirmation:

«Ich bin ein selbständiger Mensch. Nützliche Überzeugungen mache ich mir automatisch zu Eigen, während ich alles Übrige über Bord werfe. Ich bin mir selbst eine weise, liebevolle Mutter

oder ein weiser, liebevoller Vater und finde mich völlig in Ordnung. Alles in allem bin ich eigentlich so phantastisch, dass ich gar nicht weiß, was ich noch besser machen könnte!«

(Sie könnten immerhin weiterlesen.)

BEFREIUNG
VON ZEIT

Wir haben keine Zeit, jetzt darüber zu reden; es gibt schlicht und ergreifend keine Zeit. Und das ist der Schlüssel zur Befreiung aus dem Würgegriff der Zeit.

Trotzdem bin ich gerade dabei, aus den steinernen Mauern dieses Bergschuppens heraus, Mauern, die ich zwar nicht ungern in ein paar Stunden verlasse, aber doch schwer vermissen werde (das ist das Merkwürdige an der Befreiung – man leidet schnell unter Entzugserscheinungen dessen, wovon man befreit ist), das Unmögliche zu wagen: eine Definition der Zeit von einem metaphysischen Standpunkt aus.

Erstens gibt es keine Zeit, sondern bloß Bewegung im Raum auf der Oberfläche eines Planeten, der mit über 100 000 Kilometern pro Stunde um den nächsten Stern, die Sonne, kreist. Aufgrund dieser Bewegung und in Anbetracht der Neigung der Erdachse, durch die der Planet je nach seiner jeweiligen Position auf der Umlaufbahn unterschiedliche Mengen Hitze aufnimmt, ändert sich das lokale Wettergeschehen nach einem mehr oder weniger vorhersagbaren Muster, und darauf reagiert die Natur je nach verfügbarer Wärme mit Wachstum oder Verfall. Da der Planet außerdem noch mit 1600 Stundenkilometern um seine eigene Achse rotiert, befinden Sie sich die Hälfte der Zeit auf der sonnenabgewandten Seite, während die andere Seite in vollem Glanz erstrahlt (falls die Wolkenformationen und -bewegungen es zulassen), wobei sich das Verhältnis von Licht und Dunkel ebenfalls entsprechend der Erdachsenneigung während der verschiedenen Umlaufphasen verändert.

Infolgedessen sind unsere Jahre, Jahreszeiten, Tage und Nächte (und damit auch Wochen und Monate) lediglich geistige Konstrukte zur Zeiteinteilung, die uns in die Lage versetzen, den Arbeitsalltag verständlich zu verplanen. Und obwohl unser Körper während dieser Kreisbewegung (im Gegensatz zur linearen Bewegung, bei der er schrittweise altert) wie jede sich bewegende Masse einer allmählichen Entropie unterliegt, fühlen wir uns nie anders (bzw. älter).

Unser Modell eines linearen Zeitverlaufs haben wir vor grauen Zeiten entworfen, um, wie ich vermute, zu verhüten, dass alles gleichzeitig geschieht. Wenn Sie sich jedoch innerlich so ausrichten, dass Sie auf Ihren Bauch konzentriert sind, Ihre Brust entspannt und Ihr Kopf kühl und leer ist, und alle Ereignisse an Ihrem geistigen Auge vorüberziehen lassen, die sich entfalten und Ihre Lebensgeschichte weben, wird Ihnen sofort klar, dass Sie sich im Einklang mit der Kreisbewegung des Planeten im All befinden, in der Nabe eines großen Rades, dessen Rahmen aus den Augenblicken Ihres Lebens besteht.

Das ist kein intellektuelles, mythologisch verbrämtes Konzept, sondern ein Meditationsvorschlag, denn ich habe ja bereits alle Verantwortung dafür abgelehnt, über dieses Thema etwas Vernünftiges zu Papier zu bringen.

Nichtsdestotrotz ist die Möglichkeit, kontinuierlich und ununterbrochen im gegenwärtigen Augenblick zentriert zu sein – eine notwendige Voraussetzung für Ihre Befreiung aus dem Würgegriff der Zeit –, eine

Gnade des Herz-Chis, das für Ihre Einsicht in das höhere Selbst oder den universalen Geist zuständig ist. Deshalb sollten Sie sich jetzt sofort Ihre rechte Handfläche vornehmen und eine imaginäre gerade Linie von der Spitze Ihres kleinen Fingers bis zu dessen Wurzel ziehen. Führen Sie die Linie fort, bis sie das Band feiner Fältchen an Ihrem Handgelenk kreuzt, und pressen Sie den linken Daumen maximal 90 Sekunden auf den Schnittpunkt. Üben Sie so viel sanften Druck aus, dass ein starker, aber angenehmer Schmerz auftritt, der bis in den kleinen Finger zurück ausstrahlt, lockern Sie dann Ihren Griff und wiederholen Sie die Übung am linken Handgelenk. Der Punkt ist der Ausgangspunkt des Herzmeridians, und seine Stimulierung regt diesen Meridian dazu an, aus seiner elementaren Quelle, dem Feuer, mehr Chi zu entnehmen und entsprechend weniger aus der «Welt der zehntausend Dinge». Mit anderen Worten: Ihr Geist, über den das Herz-Chi herrscht, lässt sich weniger von weltlichen Zerstreuungen ablenken, sondern bezieht mehr Nahrung aus dem Innern, sodass Sie die Dinge eher als ewigen Kreislauf sehen als in linearer Abfolge. Und der Druck auf diesen Punkt regt Sie unter Umständen dazu an, die Zeit in einem ganz neuen Licht zu betrachten. Oder es überkommt Sie ein Gefühl so tiefer Entspannung, dass Ihnen Zeit völlig egal ist (und – schon sind Sie befreit!).

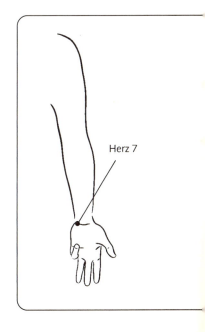

Herz 7

Jedenfalls haben wir uns diese Illusion geschaffen, die wir Zeit nennen, und ihr Generation um Generation Leben eingehaucht. Und das ist ein Grund, sie in Ehren zu halten, ebenso wie wir den Mythos vom Weihnachtsmann in Ehren halten.

Aber ich kann nicht den ganzen Tag

hier herumsitzen und mit Ihnen diskutieren. Erstens bin ich nicht gescheit oder gelehrt genug, um die Sache nicht noch verwirrender zu machen, und zweitens habe ich nicht die Zeit dazu. Das Buch ist fast fertig und vollendet sich mit solcher Geschwindigkeit, dass ich, wenn ich nicht schleunigst zum nächsten Kapitel übergehe, womöglich zwischen diesen Seiten hier stecken bleibe und nie wieder unter den Buchdeckeln hervorkomme und, anders ausgedrückt, in einer Zeitschleife festsitze – und das geht einfach nicht. Es gibt noch viel zu viel Unfug, den ich in der «Welt der zehntausend Dinge» anstellen kann!

BEFREIUNG
VOM LEIDEN

Zu leiden ist Ihre eigene Entscheidung.
Nein, das ist keine Grobheit. Hören Sie mir bitte bis zum Ende zu.
Ich könnte hier frierend und verlassen sitzen, ohne ein Lebenszeichen zwischen dem tief hängenden, wolkenverhangenen grauen Himmel oben und dem trockenen eisigen Nebel, der mir die Sicht versperrt, und leiden, wenn ich wollte. Ich könnte aber auch wie die sechs wilden Pferde, die draußen vor dem Fenster zufrieden im Stehen schlafen, aufhören, mich darüber aufzuregen, mich mit dem abfinden, was ist, den Ofen anheizen und beschließen, es so zu mögen oder zumindest stolz darauf zu sein, dass ich nicht in die Stadt geflüchtet bin oder gar an einen sonnenbeschienenen Strand (ach ja!), ehe ich den Kreis vollendet habe.
Ich kann, ebenso wie Sie, entweder beim Schmerz verweilen oder bei der Freude. In jedem Augenblick ist sowohl ein gutes Maß an potenzieller Tragik angelegt als auch ein gutes Maß an potenziellem Glück. Konzentrieren Sie sich auf die Tragik, und sie wird sich zur Tragödie auswachsen, bis sie den gegenwärtigen Augenblick beherrscht und Sie (wieder) leiden. Konzentrieren Sie sich auf das Glück, und es wird wachsen, bis es den gegenwärtigen Augenblick einnimmt und Sie vom Leiden befreit. Dies gilt immer und unter allen Umständen, vorausgesetzt, Sie geraten nicht so sehr in Panik, dass Sie den Wald vor lauter Bäumen nicht mehr sehen können.

Leiden im abstrakten Sinne des Wortes ist etwas, das (überwiegend unbewusst) von Generation zu Generation weitergegeben wird und sich (meist ohne es zu hinterfragen) als Reaktionsmuster (gegenüber dem Leben) etabliert. Übernommen wird es (meist unbewusst) als eine Art zwangsläufiger Verpflichtung, als würde seine Erhaltung irgendwie das Leiden derer lindern, die längst verblichen sind. Aber wie sehr Ihre Vorfahren (und vor allem Eltern) in ihrem Leben auch gelitten haben mögen, selbst noch so großes Leid kann nichts mehr daran ändern. Im Gegenteil, Leid fügt Leid nur noch mehr Leid hinzu, während Glück zu mehr Glück führt.

Jetzt ist die Zeit für uns gekommen, die alte Schablone endlich zu zerbrechen und das Leiden aus unserem Tagesplan zu streichen. Während wir das tun, während Sie das tun, einer nach dem andern, schneller und immer schneller, werden andere dazu inspiriert, es genauso zu machen, und wenn das Leiden erst einmal von der Tagesordnung gestrichen ist, dann werden wir als Spezies vielleicht, und nur vielleicht, endlich lernen, einander in Frieden leben zu lassen.

Oder vielleicht auch nicht, aber auf jeden Fall würde es Ihnen persönlich gut anstehen, den Prozess der Selbstbefreiung vom Leiden sofort in Gang zu setzen, um Ihre Freunde und Bekannten schnell dazu anzuregen, es Ihnen gleichzutun, sodass sich in der Welt (der Menschen) Stück für Stück ein Paradigmenwechsel zur Leidensfreiheit vollzieht, woraufhin ich mich meinerseits, da meine Arbeit dann getan und meine Mission erfüllt ist, an einem schönen heißen Strand ausstrecken, sofort in der Sonne einschlafen und so tun werde, als sei das alles gar nicht wirklich passiert. Ich weiß nicht, wie Sie es halten wollen.

Es ist das «Herzbeschützer»-Chi in Ihrem Körper, das Sie vor dem Schmerz des Leidens schützt. Im Grunde genommen leiden Sie immer dann, wenn das Herzbeschützer-Chi schwach ist, selbst wenn Sie in der Penthouse-Suite eines Sechs-Sterne-Hotels wohnen, in den Sonnenuntergang schauen und sich um nichts auf der Welt Sorgen zu machen brauchen. Aber wenn Ihr Herzbeschützer-Chi stark ist, leiden Sie nicht und sind selbst dann glücklich, wenn Sie vor Kälte zittern, müde sind, braune Schuhe zu marineblauen Hosen tragen, Ihre Haare nicht gebändigt kriegen, von Schmerzen gepeinigt werden, nicht wissen, wo Sie gleich schlafen sollen, kein Geld in der Tasche haben, es allmählich dunkel wird und zu guter Letzt auch noch anfängt zu regnen. Sie würden bloß darüber lachen und sich schütteln. Das Chi müsste allerdings verdammt stark sein, um das alles auszuhalten. (Aber Sie wissen ja, was ich meine.)

Greifen Sie bei diesen Worten Ihr Handgelenk und inspizieren Sie seine Innenseite, wo Sie etwa 5 cm oberhalb des feinen Liniengewirrs in der Handgelenkfalte zwischen den zwei Sehnen, die in der Mitte des Unterarms verlaufen, einen Punkt finden. Üben Sie mit der Daumenspitze maximal 70 Sekunden lang so viel sanften Druck auf ihn aus, dass ein starker, aber angenehmer Schmerz entsteht und in Ihre Hand ausstrahlt, um sich dann in der ganzen Handfläche auszubreiten und ein leichtes Taubheitsgefühl auszulösen. Das sollte die Produktion und Zirkulation von genügend Herzbeschützer-Chi veranlassen, bis Sie fröhlich herumhüpfen, komme, was mag.

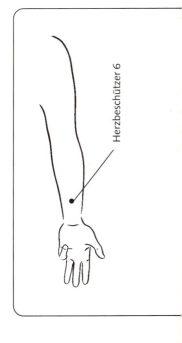

Anschließend verstärken Sie die Wirkung am besten noch, indem Sie mit verhaltenem Enthusiasmus und großer Entschlossenheit sagen:

> «Hiermit erkläre ich das Leiden in meinem Leben für beendet. Ich sehe mich nicht länger genötigt, um meinetwillen oder um anderer willen zu leiden. Natürlich ist es vollkommen in Ordnung, wenn ich weiterhin leide, solange ich meine Freude daran habe, doch je mehr ich leide, umso mehr leiden andere mit mir. Je mehr ich vom Leiden als einer gewohnheitsmäßigen (Pseudo-)Reaktion auf das Leben ablasse, umso mehr Frieden (und Freude) breitet sich aus. Mögen von jetzt an Frieden und Freude herrschen (bei mir und jedem auf diesem Planeten, der das will).»

Schluss mit dem Leiden ... jetzt!

BEFREIUNG

VON DIESEM BUCH,
DAS KEIN ENDE NEHMEN WILL
UND SCHLIESSLICH ZU SCHWER
ZUM HERUMTRAGEN SEIN WIRD

Und da sitze ich nun, fast ein bisschen zu plötzlich, im 12-Uhr-30-Zug von Swansea Richtung Osten in die Hügel und Täler von London, um dort mitten in Beton, Granit, Backstein, Glas, Dreck und Lärm wieder in das Schlachtgetöse und allgemeine Chaos der Welt zurückzukehren. Weg von der ernüchternden Einsamkeit des alten Bruchsteinschuppens auf seinem wilden, windgepeitschten Berghang, gerade noch rechtzeitig, um der vollen Wucht des Wetterwechsels zu entgehen, der mit seiner Nässe und Kälte schon durch die Ritzen des alten Landrovers pfiff und mir beißend in die Knochen fuhr, als Mike mich zum Bahnhof brachte.

Heimgekehrt aus der Isolation und zurück bei tausendundacht schriftlichen, mündlichen und elektronischen Nachrichten und Angriffen auf meine Zeit aus einer Million und vier verschiedenen Richtungen gleichzeitig, und bevor ich mich jetzt aus diesem Dialog mit Ihnen ausklinke, möchte ich Sie meiner Liebe versichern und Ihnen danken, dass Sie so nett waren, mir Gesellschaft zu leisten, während ich Sie zeitweise voll gequatscht habe wie ein verrückter alter (oft genug auch beinahe durchgeknallter) Einsiedler.

Außerdem möchte ich Ihnen noch dazu gratulieren, dass Sie jetzt in den erhabenen Rang eines Simón Bolívar, Che Guevara oder anderer großer Befreier der Geschichte aufsteigen. Denn durch den Mut, den Sie beweisen, indem Sie Ihren eigenen Befreiungsprozess beginnen, inspirieren Sie andere dazu, es Ihnen gleichzutun, und ehe Sie sich's versehen, werden Sie der ganzen Welt zur Befreiung verholfen haben.

Und in diesem Fall wird sogar Buddha (der nach allem, was man aus esoterischen Kreisen so hört, zwar seit Jahrhunderten nichts lieber will, als ins «Reine Land» zu kommen, stattdessen jedoch aus Mitgefühl im Äther herumhängt, bis jeder von uns endlich vom Leiden befreit ist) entzückt in die Hände klatschen und ausrufen: «Endlich frei, lieber Gott, endlich bin ich frei» oder ähnliche Buddhaworte von sich geben, und dann werden Tausende von Engeln ihr Feiertags-Cocktailglas absetzen, um ein Tänzchen um ihre Handtaschen herum aufzuführen und «Halleluja» zu singen.

Möge der Klang ihrer Stimmen Ihnen überallhin folgen, Sie auf Schritt und Tritt trösten und Sie an Ihre Freiheit erinnern, geradeso, wie es die Stimmen von Jeb und Mike, den zwei Engeln vom Angel Mountain, bei mir tun.

Jetzt ist es Zeit zum Abschiednehmen,
doch sei nicht traurig, keine Angst.
Es gibt kein Ende und auch keinen Start,
nur ein Kontinuum.
Es ist Theater, es ist «Art»,
und du spielst darin einfach deinen Part,
du spielst nur einfach deinen Part.
Bis nächstes Mal. (Adieu!)

Der Barfußdoktor,
Paddington Station, London.

Feng Shui gegen das Gerümpel des Alltags –
Der Bestseller von Karen Kingston

Wie man ausmistet
Den Papierkram beherrschen
Gerümpelfrei bleiben

Feng Shui ist die chinesische Kunst, Häuser so zu bauen und Räume so einzurichten, dass Menschen sich darin wohl fühlen und ihr Energieniveau behalten oder sogar stärken. Nun werden wir vielleicht nicht gleich unser Haus umbauen oder unsere Wohnung völlig umgestalten wollen, aber Gerümpel haben wir alle. Wie wir uns davon befreien und so unsere gestaute Energie und damit unser ganzes Leben in Schwung bringen, erklärt die international bekannte Feng-Shui-Expertin Karen Kingston in ihrem ungemein praktischen Ratgeber.

«Ein großartiges Buch, das schon lange überfällig war. Ich habe es innerhalb einer Woche gleich zweimal gelesen, und es hat mir das Leben auf erfreuliche Art und Weise leichter gemacht.»
Louise L. Hay

3-499-61399-9

Foto: MAURITIUS-age

rororo Ratgeber Body & Spirit

Energie für die Seele

Frauen meditieren anders
Angela Fischer
Die Rückkehr zum Körper
Sexualität und Meditation
Weibliche Stärken leben
3-499-61396-4

Die Heilkraft des Reiki
Mary McFadyen
Die wahren Krankheitsursachen
Mit Händen heilen
Schnellbehandlung für sich
und andere
3-499-61400-6

Die sieben Tibeterinnen
Gerti Samel
Das Geheimnis der drei Energien
Welcher Typ sind Sie?
Wege zur Harmonie
3-499-61397-6

Ein Drittel des Tages verbringen wir im Schlafzimmer, einem Raum, in den wir oft nur lieblos ein Bett und einen Kleiderschrank hineinstellen. Wie man diesen wichtigen Raum mit einfachen Mitteln zu einem Ort der Harmonie und Energie macht, zeigt dieser praktische Ratgeber.

3-499-61454-5

Sechs Richtige

Bestseller für ein glückliches Leben

Stefan Klein
Die Glücksformel
oder Wie die guten Gefühle entstehen
3-499-61543-4

Stefan Klein
Einfach glücklich
Die Glücksformel für jeden Tag
3-499-61677-7

Alexander von Schönburg
Der fröhliche Nichtraucher
Wie man sich gut gelaunt das Rauchen abgewöhnt
3-499-61660-2

Dr. med. Franziska Rubin
Karin Schutt

Hauptsache Gesund
Volkskrankheiten – wie Medizin und Natur helfen und heilen
3-499-61930-X

Karen Kingston
Feng Shui gegen das Gerümpel des Alltags
3-499-61399-9

Dietmar Bittrich
Das Gummibärchen-Orakel der Liebe
Sie ziehen fünf Bärchen und erfahren, wie es Ihnen in der Liebe ergehen wird

3-499-61928-8

Weitere Informationen in der Rowohlt Revue oder unter www.rororo.de

Liebe und Partnerschaft bei rororo

**Warum wir aufeinander fliegen –
und wie wir dabei Bruchlandungen vermeiden**

Eric Berne
**Spielarten und Spielregeln
der Liebe**
*Psychologische Analyse der
Partnerbeziehung*
3-499-16848-0

**Hassebrauck/Küpper
Warum wir aufeinander fliegen**
Die Gesetze der Partnerwahl
3-499-61347-6

**Lauster, Peter
Die Liebe** *Psychologie eines
Phänomens* 3-499-17677-7

**Andrea Micus
Wenn Liebe Frauen
krank macht**
*Geheime Mechanismen in der
Partnerschaft und wie man sie
erkennt* 3-499-61443-X

**Till Raether
Der kleine Beziehungsberater**
3-499-61342-5

**Wolfgang Schmidbauer
Die Angst vor Nähe**
3-499-60430-2

**Wolfgang Schmidbauer
Die heimliche Liebe**
*Ausrutscher, Seitensprung,
Doppelleben.* 3-499-61129-5

**Katja Doubek
Das Geheimnis
glücklicher Paare**
Wie die große Liebe lange hält

3-499-60949-5